勉強時間を減らして

東京一工&早慶に合格を確定させる受験法・教育法

牛山恭範

目次

第一章　東京一工&早慶に合格を確定させる慶大中心化アプローチ

目次

第二章　頭の良さについての基準も変更

目次

目次

第四章 新時代受験基準で東京一工早慶に受かる中学生の勉強法

第五章　新時代受験基準で東京一工早慶に受かる高校生の勉強法

目次

第六章　なぜ慶應受験を起点とした受験戦略が東大志望でもおすすめなのか？

目次

▶第一章◀

東京一工＆早慶に合格を確定させる慶大中心化アプローチ

計算イメージ1%と99%の違いがあるから、東大に1%以下の確率で合格することを目指す戦略より東京一工早慶（東大・京大・一橋・東工大・早稲田・慶應）に99%合格する方を本書はおすすめする

東大に合格するためには、平均35冊程度の問題集を暗記する必要があります。早慶に合格するには合計25冊程度の問題集等を暗記する必要があります。東大は5教科8科目程度勉強する必要があります。慶應大学の場合、1～2科目仕上げれば合格を狙えます。東大の学力は全体の0.5%から1%と言われます。早慶は地方国立大学や旧帝大があることを考えれば、上位0.5%の学力ではありません。普通に育った人が東大に合格する確率は1%以下と見ることもできるでしょう。一方で、慶應大学であれば、本書でご紹介するアプローチで合格を狙った場合、理論値としては99%を狙うことができます（これは、例えば6学部受験する、あるいは、総合型、FIT入試、推薦入試などを利用する場合に受験回数が増え、すべてに不合格になる確率を減らすことができるという考え方に基づいています）。あくまでも理論上の考え方ですが、勉強する科目を英語だけに絞り、一科目仕上げれば、本書でご紹介する「東京一工早慶に慶應大学中心化戦略」で合格を狙えるとするならば、

大きく勉強時間を減らしても合格できる可能性が出てきます。慶應大学6学部を受験するアプローチを私は慶應大学6アタックストラテジーとして受験戦略として拙著『偏差値30からの慶應大学突破法』（エール出版社）などでご紹介してきました。前記の確率の比較は、あくまでも計算イメージの比較です。従って条件をそろえての比較ではないので、具体的な勘違いを防ぐための考え方は本書の最後の部分できちんとご説明することにします。頭が良いイメージランキング関東でベスト4、人事部の評価ランキング1位、49年間公認会計士輩出数日本一、司法試験合格率で常にトップ層、大企業への就職率トップ層、役員輩出数日本一などの慶應大学に合格する対策を安全に進めつつ、東大・京大・一橋・東工大（東北大でもいいと思います。）・早稲田などを狙えるなら、考慮に値する戦略軸だと著者の牛山は考えます。ところがこのように「併願戦略」という観点から、受験勉強の勝率を引き上げる、本来は不可能なレベルの大学を狙う、勉強の無駄を省くということは今までほとんど説かれることがなかったのです。

慶應一般入試を保険に他大を狙う慶應中心化アプローチ戦略（牛山提唱）

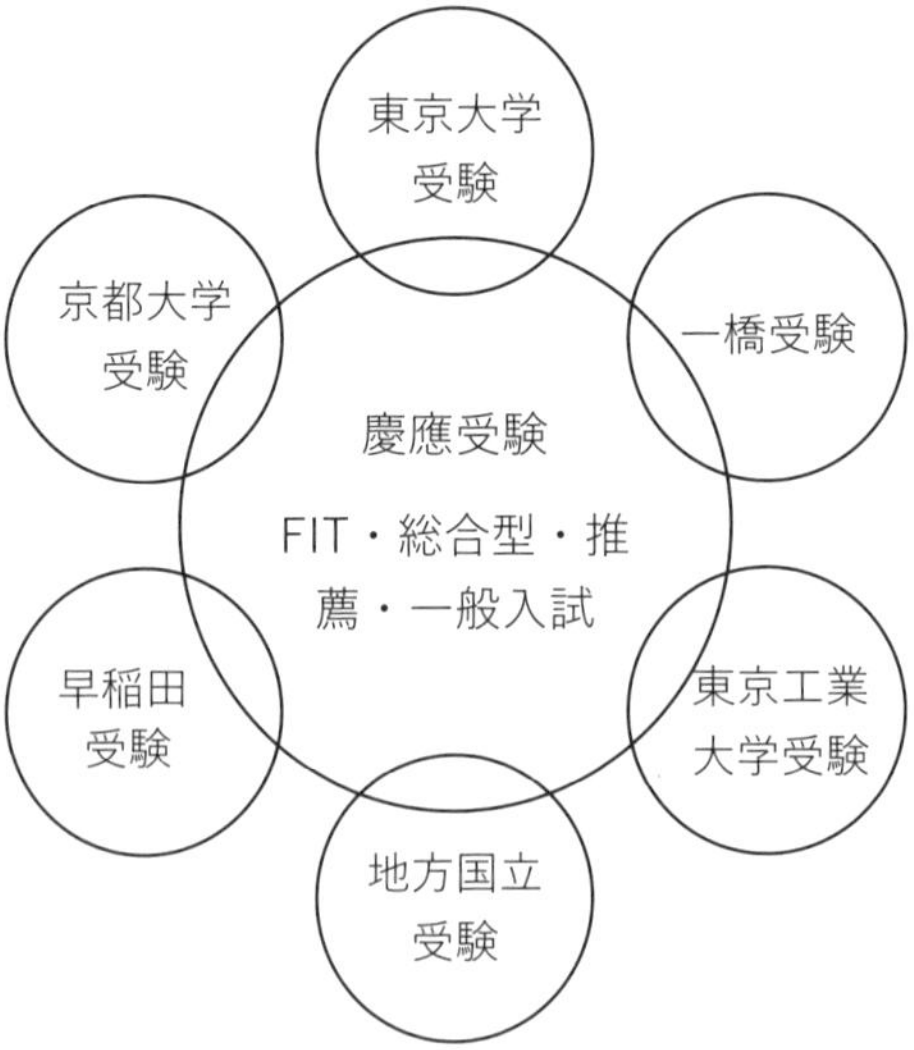

総合型選抜に全振りして落ちた子は見ていられない（つぶしが利かない）

本書のアプローチを著者が強くお勧めする理由は、近年総合型選抜入試を受けて大失敗する子が続出しているからです。総合型選抜を利用すれば、一般入試と異なり、勉強しなくてよいから楽……と考えて、1年間総合型選抜の準備をして落ちた場合、一般入試を戦う学力はないので、どこにも受からない状態となります。本書のアプローチはこのような悲劇を防ぎます。あくまでも慶應大学の一般入試に手堅く合格する力を養成することで、このような失敗を防ぐことができます。本書で解説するように、「総合型」と「一般入試」を分けて考えることがそもそもあまりよい考えとは言えません。詳しくは後程ご説明します。

知性試験の最高峰が難関大博士、暗記試験の最高峰が東京大学医学部

試験の困難性には大きく分けて知性型と、暗記型があります。総合型選抜は、小論文試験が要求されるのでどちらかと言えば知性型です。暗記が求められるのは大学の学部までです。大学院から

は、暗記はそこまで求められません。このことから大学院は簡単なのだと勘違いをしている人がいます。あまり知性のレベルが高くなかったとしても、修士までならなんとかなるかもしれません。しかし、文系の難関大学博士号は、ある程度知性が高くないと難しいでしょう。同様に、慶應SFCに小論文の一般入試で合格するのも、暗記自慢には難しいことです。試験は偏差値順に難しいわけではありません。そのような考え方は、短距離走と長距離走で、常にどちらかが難しいと考えるようなものです。今の時代、勉強は暗記型から知性型へとシフトしつつあるのです。だから塾が無意味（受験には役に立ちにくいという意味）、予備校が無意味、オンライン動画が無意味、東大情報と東大対策が無意味、従来の対策が無意味となってしまいかねません。「東大医学部卒」以上、「東大博士課程修了者」以上、「東大院卒で有名大学教員」以上の点数を論文で取得してきた牛山が本書で問題点と対策を詳しく解説します。

合格のカギは小論文・書類作成にあり

総合型選抜、学校推薦、ＦＩＴ入試など、いろいろな呼び方はあります。しかし、別物の試験ではありません。単なる小論文・面接入試です。あるいは、書類作成入試です。ここで必要となるのは、研究力です。研究力があれば、小論文は書くことができます。研究力があれば、研究力を前提とした面接ですから受かります。研究力があれば、研究機関への志望理由書は通ります。大雑把な物言いなので、正確ではありませんが、大筋ではこういうことなのです。ところが、多くの人は研究力を軽んじ、（この試験はＦＩＴなのだ……とか、この試験は学校推薦なのだ……とか、この試験は東大なのだ……とか、この試験は、総合型なのだ……）などと思い込みます。すべて関係がありません。研究力が高ければ簡単に受かる。研究力が低ければ簡単に落ちる。大学、学部、入試形態すべて関係がないと言っても過言ではありません。もちろん、多くの人が思い込んでいるように、●●大学の●●学部は、このようなことがウケるという細かい結果に影響しない情報はあります。気にするだけ無駄です。その学部別、大学別影響は極めて小さいからです。

基本的には難関大に合格できないことはないと牛山が考える理由とは？

私は今まで約20年近く慶大進学専門塾を運営してきました。その経験から言えることは「言われた通りにやる人で落ちた人は記憶にない」と言うことです。

「言われた通りにやらない」「勉強しない」「他塾の方針でやっている」という場合は、うまくいかないということがあるようです。特に小論文は技術の試験になるので、言われた通りにやらないとなかなか点数が上がりません。

新時代の受験方式は小論文と面接です。書類が書けて面接がＯＫなら東大でも合格です。私の教え子も東大に合格しています。レベルが高い人を見つけたら、言われた通りにやるだけで受かる時代なのです。仮に理想的な教育を受けている場合、言われた通りにやる度合いが大きいかどうかだけがポイントです。

確定させるという根拠はどこにあるのか？

東京一工早慶に合格を確定させるという主張の根拠は、合格理論と実績にあります。私は（恐らく）受験業界で初めて拙著『慶應大学絶対合格法』で「数学の確率計算を用いて合格戦略を説きました」（私より前の人がいたら教えてください。訂正します）。私が説いたのは、数学の独立施行の定理の原理を受験にも（実質）適用できるということです。例えば仮に合格率が60％程度であっても、6個も7個も受験していればすべてに落ちる確率はほとんどなくなり、90％……95％……99％と確率は上がっていく。このように60％程度でもよいので、東京一工早慶を総合型で受ければどこかにかにひっかかってきます。

記憶法と受験法に裏技は存在する

記憶法と受験法に裏技は存在します。冒頭でご紹介したような併願戦略をほとんどの受験生は行っていません。従って確率的に考えれば自分の実力以下の大学や学部に進学することになるでしょう。冒頭でご紹介した受験戦略の他にも問題点は存在します。

例えば併願のやり方や、ＦＩＴ、推薦、総合型選抜の利用をしないことなどが問題点です。受験科目を上手に組み合わせることで併願をやりやすくなります。多くの受験生は最初から併願できない受験科目を選択してしまっています。

記憶法については、「丸暗記では記憶しきれない記憶対象」を上手に記憶してしまういくつかのアプローチが存在します。これらの記憶法や、受験法に関する裏技をうまく活用して、受験を乗り切りましょう。

塾に通わせて（中学受験で）中高一貫校ルールが消える？

今までの時代は、中学受験をさせるのが王道のルートでした。ところが、大学側が今どんどん「学力ペーパーテスト枠」を減らしています。そのためこのルートで合格できるのは一部のエリートだけと言われることがあるようです。

それでは、今後はどうなるのでしょうか。今後は、総合型選抜入試が増えます。それなら、総合型の対策をしなければ……と考える人もいるかもしれませんが、総合対策が必要なのではありません。小論文対策と面接対策が必要です。FIT入試も同様です。FIT対策が必要なのではなく、小論文と面接が必要です。つまり、中学受験で学力を高めても仕方がない時代が到来しつつあります。

将来小論文や面接で困らないようにするにはどうすべきか真剣に考える必要があります。中学受験で受からない場合、勉強だけしてきたので、学生の頭の中には、「勉強ができる人が知性で上」という価値観が固定化してしまい、その後18歳くらいの時に先生の小論文指導や書類指導を素直に受けることができない……という失敗がよくあります。こうなると絶望的に書類や小論文の点数が上がらず、慶應をはじめとして、その他難関校の総合型に全落ちするというケースが目立ちます。

拙著『慶應大学絶対合格法』で紹介した合格戦略とは？

拙著『慶應大学絶対合格法』（エール出版社）では、受験科目で地歴を選択し合格確率を引き上げる戦略を紹介しています。今までは数学を選択し、文系の学部を攻略するアプローチが一般的でした。

しかし数学を選択した場合、例えば、慶應義塾大学に関しては、文系の6学部を受験することができません。一方で、地歴を選択した場合、慶應大学文系は6学部すべてを受験することができます。本書でご紹介したように複数学部受験した場合、一つの学部に合格する確率がそこまで高くなくとも、どこかの学部に引っ掛かりやすくなります。

このように受験科目を工夫するだけでなく、拙著、『総合型選抜（ＡＯ入試）・学校推薦型選抜は研究力が９割』でご紹介したように総合型選抜を7日～10日という超ド短期で攻略することにより更に合格率は高まるのです。上手に合格戦略を立てましょう。

拙著『総合型選抜（ＡＯ入試）・学校推薦型選抜は研究力が９割』で暴露した現実的な合格方法とは？

私は、拙著『総合型選抜（ＡＯ入試）・学校推薦型選抜は研究力が９割』（エール出版社）で総合型選抜に合格する裏技を暴露しました。多くの人は、総合型選抜は数カ月から一年間かけなければ、受からないと勘違いをしています。現実には、7日～10日もあれば、十分に合格することができます。現状は、受験生が総合型選抜に多くの時間をかけて不合格になった後、一般入試にスイッチするので両方不合格になるという悲劇が目立ちます。また、総合型選抜を、最初から利用しない人は、7日～10日で受かる試験を受けない訳ですから、合格率が下がっていきます。

もともと、この手の書類は時間をかければ、内容が良くなっていくとは限りません。短期間でダメなら、長期間でもダメなのです。総合型選抜に合格する肝は、研究力であり、研究力という観点から見た書類のレベル感が大切になります。指導者のレベルも大切です。

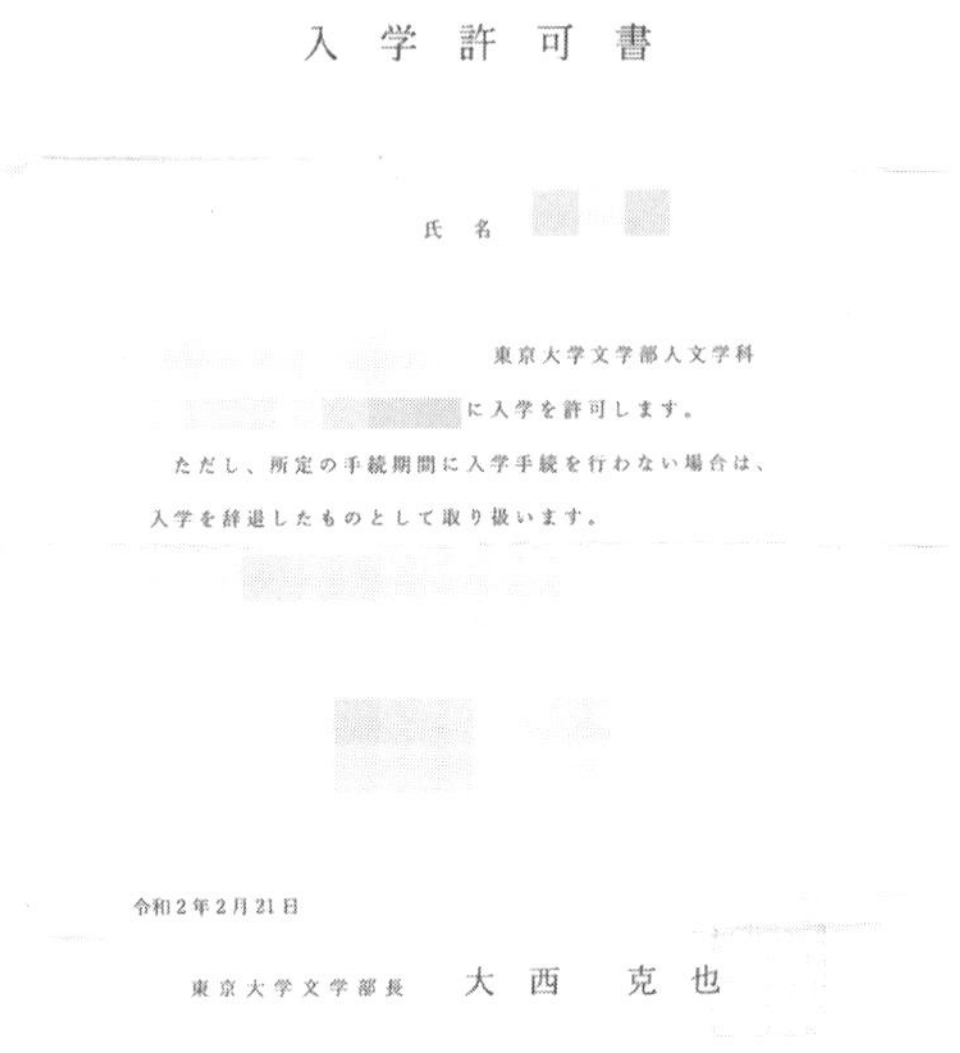

入学許可書

氏名

東京大学文学部人文学科

に入学を許可します。

ただし、所定の手続期間に入学手続を行わない場合は、

入学を辞退したものとして取り扱います。

令和2年2月21日

東京大学文学部長　大西　克也

東京　大学　文　学部合格

第一志望の東京大学文学部に合格できて本当にうれしいです。小論文指導や面接の指導などしてくださった牛山先生には本当に感謝しています。試験の難易度がとても高かったので、てっきりもう一年受験勉強しなければいけないとも思っていましたが合格できて本当に安心しています。現役受験の時に通っていた予備校では先生が複数いらっしゃり、指導内容も先生によって異なることも少なくなかったので、誰の指導に従えば良いか迷うことも多々ありました。ですが文和会では牛山先生が一人で小論文の指導をされているので、一貫性のある指導がされており、迷うことなく小論文の書き方、考え方を学ぶことができました。研究計画書についても、もともと私は30点ほどしか得点できていなかったのですが、添削を何回かしていただくうちにすぐに点数が上がっていきました。牛山先生の小論文の本にも小論文の基礎の基礎から説明がなされているため、論文の書き方・考え方を学ぶ上で従うべき道筋が見えたように思います。これからも東京大学でしっかりとがんばって行こうと思います。本当にありがとうございました。

小論文を含む研究力で最難関大学の合否も決まる時代となった

新時代の受験（学力は関係ないということ）は研究力で決まります。面接は実質的に研究力の素地があるかどうかを見られます。もちろんそれ以外も見られますが研究できないと思われれば不合格……と考えていいでしょう。大学は研究をするところだからです。ところが、多くの人は研究力が高い人に指導を受けません。だからあまり伸びないのです。若い学生が（よく書けている）と考えている文章は、あまりよく書けていません。東京一工早慶に合格するために、早めに小論文の勉強をスタートさせましょう。

塾に行っても学力を高めるのは時代遅れなのか？

難関校も総合型で学生を入学させるのであれば、塾に行って学力を上げるのは時代遅れなのでしょうか。学力で入学できる枠は狭くなっています。この少ない席は、灘や開成などの難関中高一貫校の学生で占められてしまうでしょう。つまり、彼らに学力で勝てる自信がある場合は、塾に行って学力を高めるのもありです。ただし、その場合、小論文の力を高める時間はほとんどないでしょう。また後で詳しく述べますが、学力重視になると人から素直に学びにくくなります。つまり、学力重視の人は、小論文が伸び悩みがちです。従って総合型選抜などで受験することは難しくなるでしょう。つまり、併願することで合格率を高めやすいのは「学力型」ではなく、「技術型（総合型小論文で受ける）」です。

大学に行っても無駄論は、一部の超トップ富裕層のみ？

「時代が変わったので大学に行ってもムダ」という意見があります。有名企業トップ400社に東京一工早慶の卒業者は、たくさん就職しています。就職力が特に高いのはデータを見る限り慶大と東工大（東京科学大に名称が変更※東京医科歯科大との統合のため）です。今後もこの流れは続きそうです。なぜならば、何十年も続いている現象だからです。

大学に行かず、その事で大きく成功できたという人はまれなケースでしょう。現代的には学歴、資格、スキルと3つをつける事を考えるのがおすすめです。今の時代、血がにじむような努力は大学進学に不要です。この意味で大学進学のコスパがむしろ上がったと言えます。

東京一工早慶のトップ400社への就職力とは？

首都圏での就職を考えた時、京大を除く東大、一橋、東工大、早稲田、慶應が5強と言われています。データを見る限り、これらの大学が強いのは明らかですが、データに出ない大学の強さもあります。その強さとは学閥です。慶大は、ＯＢの面倒見がいいことで有名です。慶大出身者は慶大の学生や出身者をかわいがるので、就職だけでなく昇進にも、慶大は強いと言えます。工学は東大と東工大が我が国の二強です。そのため、東工大はＩＴ、ＡＩ時代においてさらに伸びる大学と言えます。同様な理由で慶應ＳＦＣも今後伸びる大学と言えそうです。

すべて小論文入試だと考えなさい……とは？

今の時代を総合型や推薦など、多くの受験方式は実質的に小論文入試です。学力型のペーパーテストの入試枠を利用する場合は、小論文入試ではありません。しかし、それ以外ＦＩＴ入試も、推薦入試も、総合型選抜も、編入試験もすべて小論文入試です。それぞれの試験の名前が違ったとしても、実質的に行われているのは小論文試験なのですから小論文を鍛えれば良いのです。総合型選抜の入試を受けるからこそ、小論文を強化しなければならないと考えましょう。

添削品質を考えない小論文練習の危険性

小論文をたくさん書かせる学習機関があります。これらの学習機関が利用されているのは広告に力を入れているからです。アルバイト大学生を使えば指導料金を安くできます。毎月数万円もらい数千円で学生を使うので儲かるということです。

普通の経営者は、教えられる学生がかわいそうなので、このようなことはあまりやりたくないでしょう。学士課程で学ぶ学生は仮に名門校でも全く論文が書けないのが普通です。従って間違いが教えられており、点数が下がる学生もたくさんいるようです。練習をするだけでは小論文の点数は伸びません。上達を決めるのは練習量ではなく、指導品質というスポーツ分野の研究があります。高品質な添削によって論文の点数は伸びます。コーチや先生のレベル、先生の点数、先生のモラル、先生の問題解決力が大切です。

実はスカ勝ちできる現代の小論文教育事情とは？

小論文については、今の時代、実はスカ勝ちできます。なぜならば、筑波大学の名誉教授によれば、現代的な小論文の指導は、約95％がダメだからです。現代的な小論文指導のどこがダメなのでしょうか。筑波大学の名誉教授によれば、そもそも小論文の構成が、間違っているとのことです。この問題を別の角度から見ると、構文指導がダメと考えることもできます。立教大学の石川教授は、『「いい文章」ってなんだ？』という書籍の中で小論文で使用される構文に、大学教員は辟易としていると書いています。現代的な小論文指導の第二の問題点は、思考力がつかないことです。どのように考えるかに関する指導は、実質的にありません。現代的な小論文指導の第三の問題点は、多くの小論文指導には、スキルアップがないことです。速読の技術やプレゼンテーションなど、必要なスキルに関する指導が、ほとんどありません。解法もありません。従って小論文で、あなたはこれらの問題を解決することで、スカ勝ちできるのです。私が書いた小論文の本を、ぜひ読んでみましょう。

なぜ牛山の書籍を読むだけでもトップ1％以内に入ることができるのか？その理由

先日、私の書籍を読んだ子から、「慶應模試で全国13位になりました。」と連絡がありました。なぜこのようなことが起こるのでしょうか。実はこのような現象は、全く珍しいことではありません。似たような報告をいただいています（全国一位、二位、など）。このような現象が起こる理由は小論文のアウトラインにあります。アウトラインとは構成のことです。そもそも小論文には論理的に考え書く方法があるのです。このような現象に対して、「構成がそんなに影響するのでしょうか。」と質問した受験生がいました。

答えはイエスです。構成は論文において命と呼べるほど重要です。従ってきちんとした構成にするだけで、大きく点数を上げることができます。逆もまたしかりで、構成がダメなら、大幅に減点されます。このように現代社会は、情報過多であり多くの学生は情報過多故に、それぞれの情報に関する重要性についての重み付けができていません。情報があることによってあれもこれも正解に見えてしまっているのです。正解はないのでどのように書いても同じというように雑に考えてしまう学生が増えてしまいました。

そうではありません。あれもこれも正解のように見えて、実は正解があるのです。ネット社会では、技術（スキル）についての低品質な情報が増えて、多くの人が混乱しています。

過去問題の練習だけでは受からない理由とは？

過去問題の練習だけでは受かりません。一つ目の理由は、受かるのは実力がある人だけだからです。点数は実力＋対応力で決まります。過去問題の練習で上がっているのは、対応力だけです。実力とは知識、論理力、ライティングスキルなどです。これらがスカスカの状態でどんなに練習をしても、対応力が多少上がるだけで実力は上がっていません。従ってやってもやっても点数が上がらない……となります。

二つ目の理由はもう同じ問題は出題されないことです。仮に本試験で過去問題が紹介されても同じ問題ではないので、また別の頭の使い方で解く必要があります。過去問題はあくまで過去問題であり、全く同じ問題は、もう出ません。従って過去問題の練習は、あまり意味はありません。同じ頭の使い方の問題は繰り返し出ます。そこで解法の勉強が必要です。『論証モデルと論証式を用いた高得点小論文解法集』（エール出版社）を読みましょう。

同じような頭の使い方が求められているので、過去問を使用するのがよいという反論もあります。この考えは、マラソンで金メダルを取るには走るのがよいと言っているようなもので論理に飛躍があります。成果を出す因子は似た作業のワークだけではありません。

三つ目の理由は、過去問題は、実力チェックテストであり実力養成用の問題ではないことです。過去問題は落とすための試験です。一方で塾予備校が用意するのは、実力養成用の問題です。落とすための問題でいくら練習をしたところで、実力養成に特化しているわけではないので、あまり実力は付きません。

四つ目の理由は多くの練習者の練習目標が不適切であることです。練習目標がない場合も珍しくありません。過去問題の練習が大事なのではなくコーチの質（解答例や解法、論文執筆法、思考法、発想法）が大事です。質が高いコーチは妥当かつ点数アップの適切な指導ができます。しかし、大学生アルバイトなどの、「論文の書き方をあまり知らず点数を取ることがあまりできない学生」の場合、適切な練習目標を指摘できません。従って過去問題の練習だけでは極めて受かりにくいのです。一般的に広告宣伝のページには多くの合格報告がありますが、もともと受かる学生を広告宣伝で集めて受験させれば、塾はどんなにひどい内容を仮に教えたとしても、試験合格者はいくらでも量産できます。また合格者は自分がなぜ合格したのかに気付いておらず、不合格者も一般的になぜ自分が不合格になったのかを把握できていません。従って、喜びの声が参考にならずこれらを参考にすることで、多くの勘違いが生まれてしまいます。

五つ目の理由は、**そもそも練習の効果が薄い**ことです。定量研究の報告があるように、成果につながりがあるのは、練習時間ではなく「上質な指導の量」です。

六つ目の理由は、**そんなことをしていればつぶしが利かない**ということです。ある大学のある学部にしか通用しない小論文の力をつける人は、ＦＩＴに受からず、推薦に受からず、総合型に弱く、他の大学の小論文でふるわず、大学に入って通用せず、大学院で通用せず、大人になっても困るでしょう。無論、本来、仮に過去問題に共通する能力要素を短期間のうちに鍛えることがわずかに有効であったとしても、全体として実力不足の人間が、頻出要素の攻略だけでその学部に受かりやすいかと言えば、そもそもそんなことはないのはご説明した通りです。

七つ目の理由は効果がないに等しいということはともかく、利口というよりもやっていることが**せこい**ことです。正面突破せよということです。過去問題の練習しかしないとか、マーク試験の対策をするなどということは近所のお兄ちゃんに教えてもらうならともかく、教育とは呼べないでしょう。

八つ目の理由は、**本質的ではない**ということです。東京大学総長、京都大学総長、慶應大学塾長、早稲田大学総長が次世代の小論文入試について会議を行うという思考ゲームをしたとしましょう。次世代の学問と我が国の学術を憂慮して、過去問題の演習を教育目標にするかと言えばしないでしょう。議題にあげるのも恥ずかしいでしょう。過去問題練習主義は、学問的でもなければ、理想的でもなく、教育的でもなければ、科学でもありません。

福澤諭吉先生は、慶應義塾を創設する時、以下の言葉を遺したそうです。

——引用開始——

慶應義塾は単に一所の学塾として自から甘んずるを得ず。其目的は我日本国中に於ける気品の泉源、**智徳の模範たらんことを期し**、之を実際にしては居家、処世、立国の本旨を明にして、之を口に言ふのみにあらず、躬行実践、以て全社会の先導者たらんことを欲するものなり

——引用終了——

福澤先生が「遺言のごとくに」と残した慶應義塾の目的として、文章が残っています。

※太字と下線は著者の牛山による。

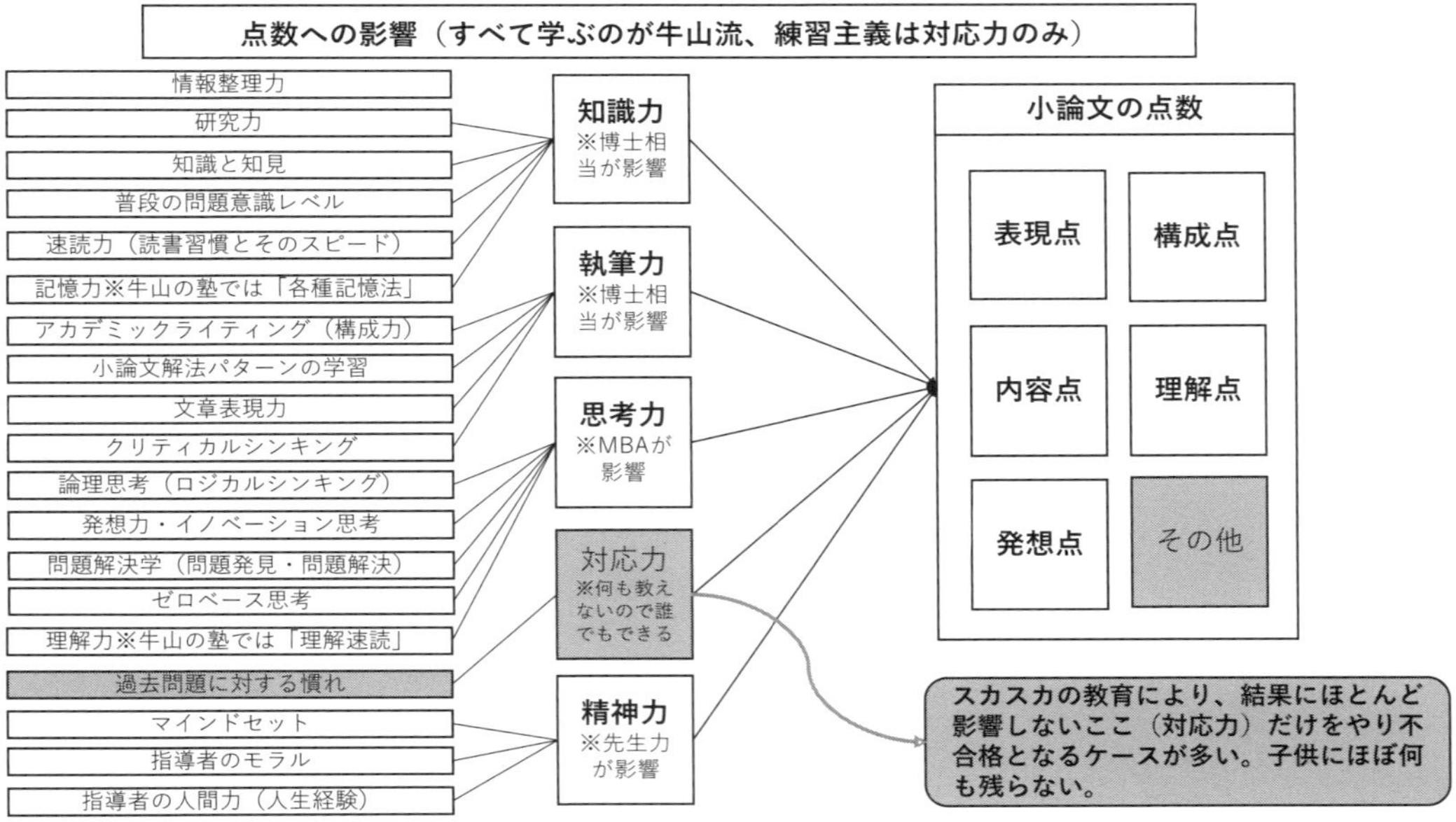
点数への影響（すべて学ぶのが牛山流、練習主義は対応力のみ）
情報整理力
研究力
知識と知見
普段の問題意識レベル
速読力（読書習慣とそのスピード）
記憶力※牛山の塾では「各種記憶法」
アカデミックライティング（構成力）
小論文解法パターンの学習
文章表現力
クリティカルシンキング
論理思考（ロジカルシンキング）
発想力・イノベーション思考
問題解決学（問題発見・問題解決）
ゼロベース思考
理解力※牛山の塾では「理解速読」
過去問題に対する慣れ
マインドセット
指導者のモラル
指導者の人間力（人生経験）
知識力
※博士相当が影響
執筆力
※博士相当が影響
思考力
※MBAが影響
対応力
※何も教えないので誰でもできる
精神力
※先生力が影響
小論文の点数
表現点
構成点
内容点
理解点
発想点
その他
スカスカの教育により、結果にほとんど影響しないここ（対応力）だけをやり不合格となるケースが多い。子供にほぼ何も残らない。

徳とは社会通念上善いとされる特性であり、経験や道徳的訓練で獲得できるものとされていま
す。私の教育理念は、「生徒の人生を変える」ということです。従っていかに利益が上がろうと、
生徒のためにならない教育を私がすることはありません。

福澤先生が暗に批判したのは、徳がなく、口だけで実行しない評論家（冷笑主義）なのでしょう。
その反対が、智徳があり、範として行動することなのでしょう。

教えてもらうことができる量は塾によって全く異なるので注意が必要です。

教えてもらう内容の量の比較（塾の指導内容比較イメージ）

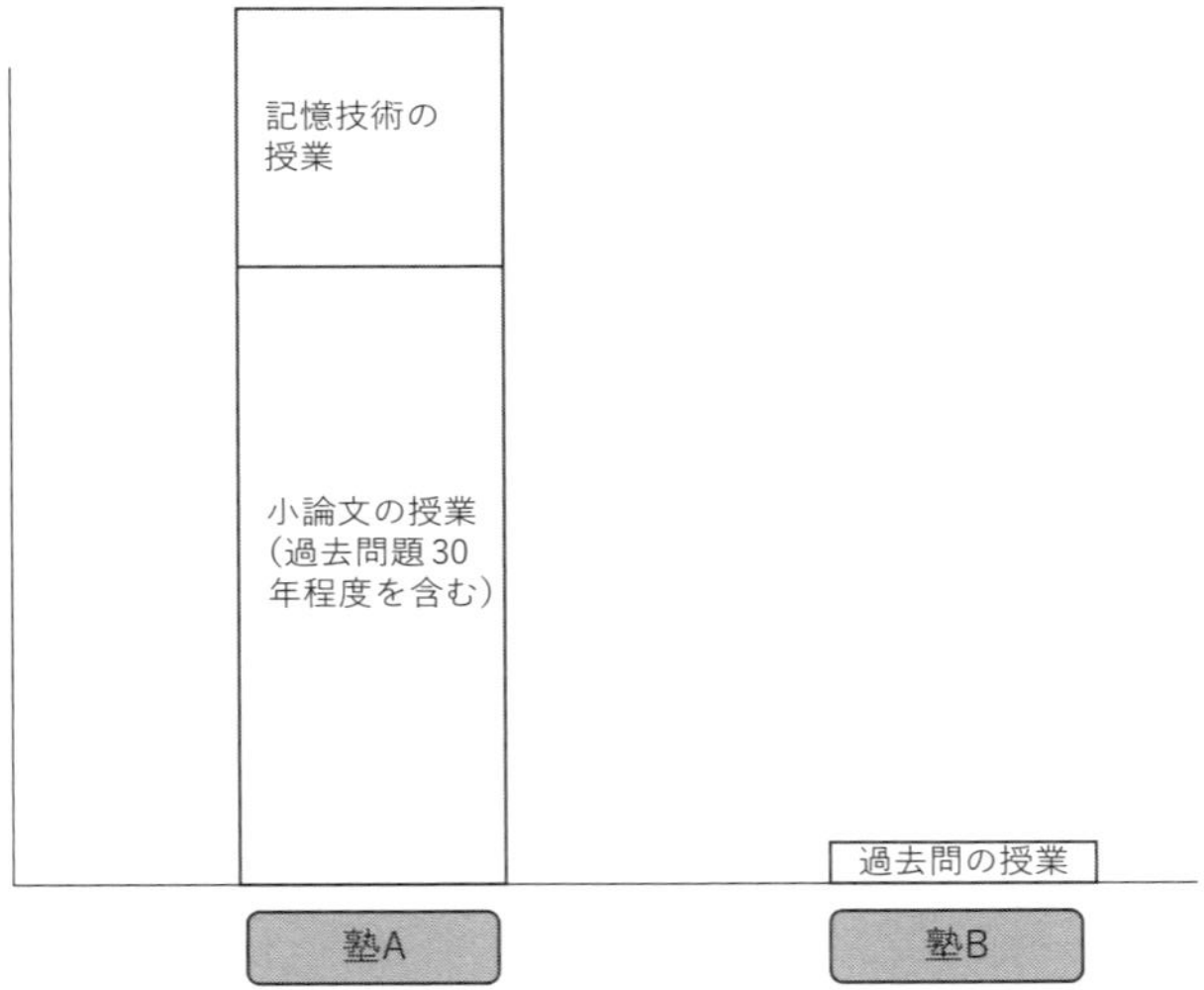

※ウェブサイトで紹介されている授業本数を参考にした。

※著者の私が運営する塾では、珍しいことに、記憶に関する授業がたくさんあります。試験は記憶量で結果が決まるためです。

私自身が大学院在学中にそう（東大卒が集まるクラスにおいて成績優秀者で、問題解決学の科目で最優秀チームはただ一人）であったように、思考活動でトップになるための教育が大切だと私は考えています。

この図のように教えてもらうことができる指導の量は塾によって全く異なります。

スマホ検索でなぜ大学受験に失敗するのか？その仕組み

スマホ検索をして情報を集めても、大学受験で判断ミスによる不合格になってしまう人は大量に存在します。その理由は大きく三つあります。

一つ目の理由は大量のポジショントークです。例えば書くことが小論文には大事だと主張する塾（多くの塾はそうですが）は、おそらく「書く作業」をたくさんすることで、利益が上がるようなビジネスモデルとなっているでしょう。つまり学生にたくさん練習をさせればさせるほど、儲かる仕組みがあるということです（練習回数が多いことがウリということ）。また総合型選抜は長期間の対策が必要だと主張する塾は、おそらく長期間学生が通うことによって利益を上げやすいビジネスモデルとなっているでしょう。その他の学習理論や合格理論についても、だいたい同じようなことが言えます。このように「大人の事情による主張」を、強く信じ込んでしまい、実質的には効果があまりないような事をやっていると、当然ですが受かりません。

二つ目の理由は実力がない人、あるいは実力が低い人による情報です。例えば、慶應大学にラッキーで合格した人の主張や「学士課程に在籍する人の小論文指導」などがこれにあたります。これらの情報を信じてしまった場合、点数を取ることができない指導であることが予想されるため、情報をたくさん集めても、あなたの点数は上がりにくいと言えるでしょう。

三つ目の理由は低品質な情報です。多くの人はあまり気づいていませんが、インターネット上にある情報というのは、比較的薄っぺらい情報ということができます。例えば、500ページ600ページある学術書と同じような内容が、記載されているかと言えばそうではなく、表面的に物事を理解する「単発の小技」のお得情報が多いのです。これらの情報は日常生活で少し得をするという場合には役立ちますが、あなたの技術レベルを根本的かつ上質に改善するという目的には当たり前ですが適していません。大学で講義される内容や、体系的な技術を身につけていく場合には、「インターネット上の薄っぺらい情報」は向いていません。簡単お手軽を好む消費者のニーズに合わせてショート動画が増えましたが、そのような短い時間で、ある技術を高みまで持っていくようなことはほぼ不可能でしょう。またバズっているから内容がいいというわけでもありません。「これマジでヤバイから絶対見て」などのフレーズで始まる現代文の小技が全く役に立たないということも珍しくありません。「これマジでヤバイから絶対見て」と言って、大バズりしている動画の内容を見てみると、点数を取ることができない人が、共通して行っているようなマーキング方法が紹介されているということがありました。つまり全く役に立たない内容が、いかにも役に立つように誤解されて、大バズリしているということです。スマホ検索で情報をたくさん集めれば良い判断ができるという幻想を頭から捨てて、デジタルデトックスすることも考えてみましょう。

現代っ子は自分の文章がスゴイと感じる自覚性のない病にかかっている？

現代的な問題は、学生が（これはよく書けた）と思っている文章の点が低いことです。本人が80点だろうと思っている文章が、30点だったりします。なぜ、こうなるのでしょうか。能力と実力を同一視してしまうことは理由の一つでしょう。良い中学に通った場合（自分の能力は高いので小論文もよいものが書けている）などと考えてしまいます。そもそも能力と実力は別なのですから、この考えは間違っています。もう一つの理由はヒエラルキー思考（階級で物事を判断）です。出身校にはレベルがあると思い込む人は東大から順番に点が高いと考えます。私が大学院で東大医学部卒以上、東大博士号取得者以上の点数を取ると理解できない……となるわけです。受験する大学のレベルが高い人の小論文の成績が良いわけではありません。

難関大に落ちる人は単に小論文の実力に対する勘違いのみ？

前のページでご紹介したように、全体の約9割程度の受験生は、小論文に対する間違った対策を行い不合格となります。このようになってしまう理由は、自分とコーチの実力を勘違いしてしまうことにあります。自分の実力が高くコーチの実力が低いと考える人は、仮に自分が点数を取ることができなくても、模試で点数が低く偏差値が低くとも、教えられた通りにしません。なぜならば、そうする必要がないと勘違いしてしまうからです。仮に大学への提出書類が英語で書かれていたとしても、どんなに時間をかけていたとしても、見る人が見れば、かなり低い点数であることは全く珍しいことではなく、ほとんどのケースがそうであると言えます。言われた通りに直さないので、点数が低いままなのです。この現象は小論文、志望理由書、面接などに当てはまります。従って、現代的に言えば難関大に落ちる人は、単なる小論文等の書面を作る自分自身の実力に対する勘違いのせいでそうなっています。

学士レベルの学生の小論文力は難関大でも高校生以下とは？

多くの受験生は、難関大学の学生の小論文の実力について、勘違いがあるようです。難関大学の学生であれば、小論文の実力も高いはずなどと、受験生は考えていることが少なくありません。しかし現実には、難関大学の学士課程の学生の小論文の実力は、高校生以下であることも少なくありません。理由は大きく二つあります。

一つ目の理由は、センスがある子も中にはいますがラッキーで合格した子もいることです。複数学部受験してかろうじて一つだけ受かるなどのラッキー合格のケースが、これに当たります。この場合、ラッキーで受かっているので、当然安定して合格できるわけではありません。そもそも大学の学士過程の入試レベルというのは、極めてレベル感で言えば低いものです。

二つ目の理由は、実力は上がっていないことです。ポテンシャルは仮に高かったとしても、実力がまだ上がっていないので、その実力がまだ上がっていない学生に教えてもらうと、小論文の実力がなかなか高まりません。

難関大学の学士過程学生より、有名ではない大学の博士課程の学生のほうがはるかに高い学力？

一般的に難関大学の学士課程の学生より、有名ではない大学の博士課程の学生のほうが、はるかに良い文章を書くと言えるでしょう。難関大学の学生であれば、（圧倒的に知性が優れているので、高い実力を発揮できる）などと考えている学生が少なくありません。しかし現実はその逆です。仮にレベル感を数値で表すと、学士課程の入学の難易度をレベル50として、学士卒業で１００、修士卒業でレベル２００、そして博士課程の卒業でレベル１０００などと、表現することができるかもしれません。このように博士課程は、学士過程や修士課程と全くレベル感が異なります。従って大学も関係なければ学部も関係ありません。このような事情を知らない若い学生は、レベル感を見誤ってしまい、小論文の勉強をしっかりすることができません。難関大学の難しい学部を受験しているのだから、誰も自分にものを教えることができない、などと不幸にも勘違いしてしまっているのです。レベル30の子が、レベル７００の人に教えてもらうことがないわけがありません。一般的に私の教育歴約20年の経験から言えば、頭がいい子よりも素直な子のほうがはるかに受かります。頭が良くて慶應大学に不合格というのはザラです。また頭がいい子を素直な子がごぼう抜きにし、トップ１％の小論文の実力になってしまうということもザラなのです。このような現象がなぜ起こるのでしょうか。単にコーチが引き上げているからです。スマホ検索ばかりしていると、固定観念が強化（説得する広告があふれているため）されて社会の実情を知らずに、誤った判断を行ってしまうので気を付けましょう。スマホ情報のレベルも質も低いことが少なくありません。

教えてもらう内容の質の比較（塾の指導内容比較イメージ）

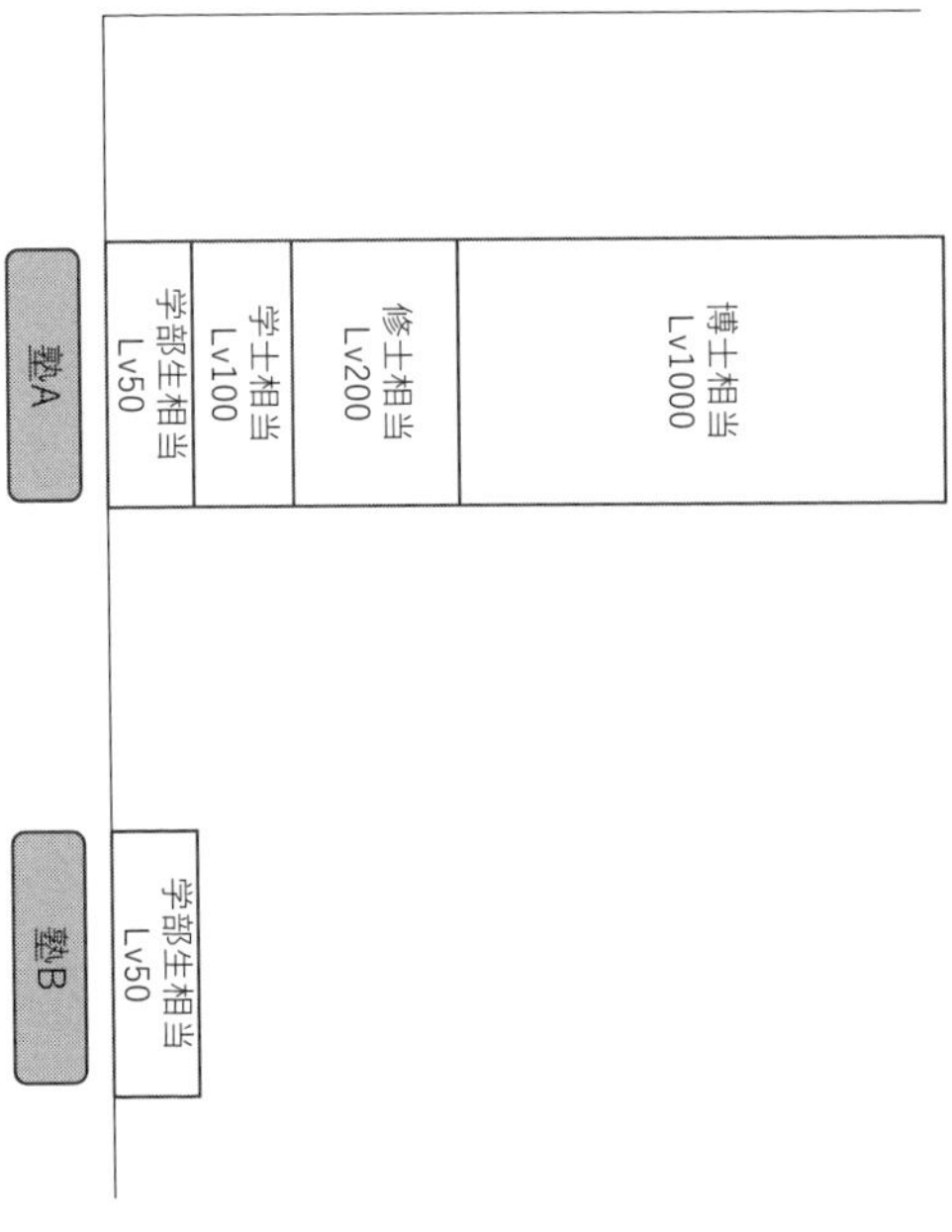

偏差値20台から、入塾後約半年程度で慶應法学部一般入試合格事例はなぜできたのか

当塾では入塾後、約半年で慶應法学部一般入試に、合格した事例があります。彼の偏差値は、なんと20台でした。なぜこのようなことができたのでしょうか。その理由は英語、小論文、歴史すべての科目の点数が、入塾後上がったことでしょう。英語の勉強方法も、歴史の勉強方法も、小論文の勉強方法も、世間一般で行われている方法は非効率的です。彼の場合、変なプライドがありませんでした。そのため素直に教えられたことを実行しました。素直に言われた通りに実行すれば、非効率的な世間一般の、常識的な勉強方法から脱却できます。その結果、彼の成績は大きく飛躍しました。

慶應文系6学部全勝合格、偏差値87．9など大手が逆立ちしてもできない結果をなぜ出せるのか

当塾では、慶應大学文系6学部全勝合格の事例や、入塾後小論文の偏差値87．9に上昇など、大手が逆立ちしてもできないような結果が出ています。前のページでご紹介した入塾後約半年で、

慶應法学部に偏差値20台から合格の事例もそのような事例の一つとして、数えることができるかもしれません。なぜこのような結果を出すことができるのでしょうか。

理由はいくつかあります。理由の一つ目は塾長自らが小論文の点数をたたき出すことができることです。著者（牛山）は博士課程の小論文入学試験おいて約9割程度の点数を取得したことがあります。その内容はオンラインでも公開しています。このような塾はほぼ無いようです。二つ目の理由は、より一層適切な論文の書き方を指導できることです。塾長が博士課程まで進学した上で、適切な論文の書き方を学んでいるということは非常に稀です。従って、自分が運営する塾で学生がトップの成績になるという成果を出すことができています。

（別紙様式第２）

長崎大学大学院経済学研究科入学試験個人成績開示通知書

平成３０年　２月　２６日

牛山　恭範　殿

長崎大学大学院経済学研究科長
岡田

平成３０年　２月２１日に受理しました本研究科における入学試験個人成績の開示申請について、下記のとおり通知します。

記

平成３０年度　第１次募集

試験区分	受験科目名	得点
博士後期課程（一般社会人）	審査用論文	５０点満点中　４１点
	小論文	１００点満点中　８５点
	面接	５０点満点中　３７点

ノーベル賞受賞者輩出国立大の入試において小論文試験85％の点数を取得。（博士課程入試レベルの難易度の課題文を読み、2時間で約6000字執筆し、完答。）

小論文メッカの慶應大学を中心として、その他の大学を狙えば、戦略的になるとは？

慶應大学は小論文のメッカと言っても過言ではありません。商学部を実質的に除く5学部で小論文試験が課されます。英語や小論文ができれば慶大は合格できてしまいます。現代的には東大その他の難関大が慶大の入試に似てきていると表現することができるかもしれません。推薦入試や総合型では小論文ができれば合格です。また英語ができると大学で評価され、総合型も有利になると言われています。従って、現代的な新入試（総合型選抜）への対応という意味では、慶大に受かる対策は、「他の難関大学へ合格するための対策」となります。

本質的な問題点は、戦略が間違っていること？（総合型選抜を起点とした戦略設計に路線変更とは？）

現代の若者がよく犯す間違いは、総合型選抜に時間をかけたせいで一般入試対策がおろそかになるというものです。このような問題は、言ってみれば戦略を誤ったことによって、生じている問題と言うことができます。つまり現代的には学力で受かる対策を行うのか、あるいは慶應大学を起点として、慶應大学の一般入試と、その他の大学を総合型選抜で受けるというやり方のどちらを選択するのか、ということを考えなければならなくなってきているのです。これは受験戦略の話です。本書がオススメするのは、慶應大学を起点として他の大学を受験するやり方です。この受験アプローチの良いところは、トータルの勉強時間を少なくすることができるので、ライバルに差をつけやすいこと、受験の回数を増やすことができるので、難関大学に合格しやすいこと、最悪のケースでも英語を鍛えているので、早稲田や慶應大学などを狙うことができるという意味で、つぶしが利くということです。本書でお勧めする受験戦略を、ぜひ一度考えてみましょう。

学力偏重と総合型偏重のどちらがいいのか？総合型を起点とした戦略がおすすめな理由

学力偏重と総合型偏重のどちらがいいのでしょうか。私は総合型を中心として、慶大一般入試を6学部受験するアプローチをお勧めします。この受験戦略は最低でも慶大に合格することを狙うアプローチです。最悪のケースでも慶應大学に合格し、できれば（運が良ければ）東大、京大、一橋、東工大などに進学するアプローチと言えます。大学入学共通テスト（旧センター試験）で8割程度は取れるように勉強を進めておきましょう。このアプローチの場合、基本問題を中心に勉強することになります。その意味で受験勉強をラクに進めやすくなるでしょう。

全体の9割の学生が既に落ちてしまっている総合型がうまくいかない根本的原因（慢心的心理）

ほとんどの受験生は単に慢心で損をしています。どのように慢心を起こしているのでしょうか。多くの学生は自分の点は高いだろう、先生に教えてもらっても伸びないだろうなどと考えています。大学生に教えてもらえば伸びるだろうと考えるのも一種の慢心と言えます。「学部学生の実力は高い」と考え、その学部生になることは、かなり高水準の力であると考えてしまえば、大いに勘違いをしていることになります。

全体の9割程度の学生は、このような勘違いをしており受験生全体の小論文の点数が大きく下がっています。見方を変えればこのような状況はチャンスです。

素直になりきれないなら学力オンリーにせよ（素直でないなら小論文はあきらめなさい）

受験生が素直でなければ、小論文試験を利用して受験してもなかなか受かりません。この問題を軽く捉える人もいますが、現実は絶望的に受からなくなってしまいます。その理由は大きく三つです。素直でない場合、修正ができません。添削を受けてアドバイスされても、自分の文章を直さなくていいと考えてしまいがちです。二つ目の理由は、学べないことです。素直でない場合、授業を受けても、自分の実力が上がらないと考えてしまいます。三つ目の理由は、対策を誤ることです。素直でない場合は、実力者からアドバイスされた方法で学ぶことができません。思考方法を変えたり本を読んだりすることが難しくなります。そのため、素直でない人はどのような状況で誰に教わったとしても、少しも点数を上げることができず、不合格になってしまいがちです。

素直になるための練習を小さい時からするか、学力を上げる準備を小さい時からするのか

素直になるための練習を、小さい時からやっておきましょう。なぜならば現代的には大学入試は素直かどうかで、ほとんど結果は決まってしまうからです。ここまでにご紹介した通り、小論文は素直かどうかで点数がほぼ決まってしまいます。従って、学力を上げるよりも、はるかに素直に育つことのほうが重要なのです。現代的な入試である総合型選抜を、利用しないことをあらかじめ決

めている場合に限り、学力偏重の教育が大切になると言えるでしょう。つまり長い目で見れば、素直になるための練習を小さい時からするか、学力を上げるための準備を小さい時からするか、の二択になっているということです。

スマホ検索で勝ったと思っている人は、情報の浅さ、商業情報の誤情報、有名企業に対する勘違いで落ちる

最近の若者はスマホ検索で失敗しています。スマホは便利なので利用者はよく自分のことを情報強者だと思っています。スマホが役立つのは表面的な知識の場合です。例えば薬の名前や成分はこの表面的な知識にあたります。ネットやＡＩが苦手とするのは深みのある知識や思想、技術などです。例えば、「愛とは何か」というと問いや「論文の書き方」などがこれにあたります。

論文の書き方などの技術は学びにくいからこそ大学があります。加えて広告でいい加減な小論文の書き方が広まっています。多くの受験生は上質な書き方を見分けることができず、不合格になっています。カンタンに言えば、素人に学んでしまっているのです。

喜びの声で勘違いしてあなたが小論文試験で落ちるとは？

多くの人が参考にしてしまいがちですが広告の喜びの声は参考になりません。なぜならば広告で（実質的に）買うことができるからです。どういう意味でしょうか。広告宣伝すると必ず生徒が入塾します。何も教えずとも受かる生徒は一定数います。誰が何を教えても受かります。優しい性格の生徒は「塾のおかげで合格した」と言います。合格事例が塾の広告ページに並びます。大切な事は、一般的に合格者も不合格者も、自分がなぜ合格したのか不合格となったのかが分からないということです。そのため、「点数が下がる指導」を受けて合格していても「これで受かりました」と言ってしまいます。ネット検索すればする程落ちるのですが、その理由はオンラインには素人情報がたくさんあることです。

親を味方につけなければ、あなたは落ちるとは？親の判断が案外正しいのは楽をしたいわけではないから

親を味方につける人は、受かります。親を味方にしている人はなぜか受かり、対立している人はなぜか落ちます。子供は多くのケースでネット情報を信じています。親は多くのケースで、人生経

験や本で得た知見を信じています。子供は、コミットしたくないと考えがちです。親はコミットすべきと考えがちです。子供は商業広告を信じています。悪い人なんていないとウブに信じている子もいます。親は論文、学術、人生の在り方を信じています。子供は大人たちが作った「これで受かる」という理論を信じてしまっていることが少なくありません。そのため、受かりやすい信念が親の側にあることが少なくありません。子供の側が（親は何もわかっていない）と考えることが多いのですが、このように、親を遠ざける人は、判断ミスで不合格となりやすいので気を付けましょう。

東大を頂点とした三角形を頭から捨てると受かるとは？

落ちる人はヒエラルキーを信じていることが多いものです。ヒエラルキーは東大を頂点としています。日本は低学歴な国とよく言われます。海外ではドクター（博士）、マスター（修士）が学歴です。日本では学部のほうが難しいと考えて多くの人が学ぶことをやめます。そのため日本にはドクターやマスターが少ないのです。日本人はパズル数学の理解と暗記ができた場合に頭がいいと考えます。海外は論理思考と研究ができてインテリだと思われます。日本人は冷笑的になりがちです。海外では自分の思考を疑うクリティカルシンキングが重視されます。日本人は自分の頭の良さにこだわり、学部の学歴がいいと頭がいいと思い込みます。受験に失敗するのはこのように「記憶した量が多い人の頭がいい」と考える人です。

総合的な人間力で受かる時代となった

今の時代は、面接や小論文で（しっかりしているな）と思われれば受かる時代となりました。反対に（この子は性格に難ありだな）と思われると受かりません。今の時代は、人間性も含めた人間的魅力で受かる時代です。そのため、挨拶ができる、学ぶ態度がよい、などの印象でも合否が決まります。

何をすることで人間力は高まるのか？

人間力を高めるために大切なことは学びの機会を作ることです。教育プログラムと考えてもいいでしょう。ところがこのような機会は通常あまりありません。そのため、都会の子のほうが地方の子に負けるということが起こります。都会の子は情報力で勝っているとか有名講師で勝っていると思いがちです。現実はネットでこの点に差は実質ありません。ネットでレベルが高い人につながった者勝ちです。現実には、社会教育、地域による教育、精神重視の文化の点で都会が後れをとっています。地方の子のほうが挨拶できます。他者を信頼する心が育っている人は面接にも小論文にも志望理由書にも強いのです。

「人生の教師」を得よう

人生の教師がいると受かりやすくなるでしょう。人生の教師というのは、大げさな存在ではなく、「挨拶はきちんとしましょう」「目上の人と接する時はきちんとしよう」などと言ってくれる人のことです。現代的には、(そんな事はどうでもいい)という考えが流行していますが、それではなかなか合格しません。なぜかと言えば、多くのケースで「なめてしまっていること」が伝わってしまうからです。受験をなめている、研究をなめている、文章をなめている、思考をなめている、アカデミックライティングをなめている、先生をなめている…というように落ちる人は、様々な物事について哲学や思想がありません。そのため技術力が低くなり、評価が下がり落ちてしまいます。

検索結果の上位はお金で買われており、評判は操作されている

検索結果の上位は、お金で買うこともできます。俗にいうSEOという操作があります。SEOとは、検索エンジン対策のことであり、検索エンジンがウェブサイトを評価する仕組みにサイトを作り替えることです。つまり、記事内容が優れているウェブサイトよりも、単にSEO対策を施し

ているサイトが上位に表示されるということです。現代的にはＳＥＯ対策を、お金をかけて行うことができてしまいます。このような場合、劣悪なウェブサイトがあなたのスマートフォンの検索結果の上位にくることになります。評判操作も同様であり、評伴操作を請け負う人や発注する人がいます。従ってオンラインのこれらの内容を無邪気に信じていると不合格になりやすくなるでしょう。

甘汁を吸いたい強欲で不合格

多くの受験生はもっと楽をできないか……などと考えているものです。甘汁を吸いたいと考えているということです。この欲につけこむ大人は、こんな風に楽をすれば受かると教えて、教育費を取り、それが本当ではなかった……などということがよくあるようです。管理教育もその一例です。この問題集でも受かるとか、管理して一日にこれだけやれば受かる……という理論を販売しています。現実には朝から晩まで勉強できる人、努力を続けることができる人が受かっています。記憶作業の後の小テストは不要です。覚えているに決まっているので確認作業の時間がもったいないのです。管理が必要だと考えている人は、何をいつやるかが重要だというストーリーを信じています。現実には、Ａが先でもＢが先でもほぼ同じです。繰り返した数だけ頭に残ります。

▶第二章◀

頭の良さについての基準も変更

SNSでバズった（東大理科三類以外カス）発言に東大医学部以上の成績だった牛山が回答

「東大医学部以外カス」という発言で大きくSNS上で情報が拡散した事例があるようです。この発言の裏側には、東大医学部が一番難しいという考えがあるのでしょう。また、試験が難しいので、東大医学部生は、一番頭がいいという考えもあるようです。実は牛山は、大学院で東大医学部卒以上の成績でした。その私に言わせれば、論文試験に学科試験の点数はほとんど関係ありません。数学ができても英語ができても論文はダメということはよくあります。また大学では論文や研究のための材料が英語や数学なので、論文ができることが最も評価されます。そのための道具である英語や数学ができて自慢しているような大学院生（特に博士課程）はまずいません。そのため、学歴で判断して頭がいいとか悪いと言っている人を見ると、あまり大学院で勉強した経験はない人なのだろうなと感じます。学会でも、大学名が一応見られますが発表内容がダメならバカにされてしまいます。国際会議だともはや大学名など気にされません。

総合型も学部も社会に出ると誰も気にしていない？

落ちる人というのは、大学のブランドや、学部のブランドを気にしてしまい、前のページでの説明のように何かがすごいと漠然と考えていることで落ちます。なぜならば、「こんなにすごいところを受ける自分は、他の人とは違うすごい人」という漠然とした自己有能感にとりつかれてしまい、指導を受けることができなくなるからです。つまり、（そもそもこんなことをあえて言わなければならないのは、時代のせいだなと思いますが）ほぼ100％の受験生は、論文の点数が低く、学習アプローチも間違っており、研究力が低いのです。まだ若いので当たり前です。実力がないのはかまわないのですが、実力がないうちから実力があると考えて、落ちています。総合型という入試枠や学部のブランドなど、場所が場所なら誰も気にしていません。ゆくゆくは、何ができてどんな実績があるのかしかほとんど見られないので、今からそういうものだと考え、大学や学部にこだわりすぎないようにするのもいいでしょう。そのほうが受かりやすくなり、自分が得します。

社会では一般的にはキャリア、資格、何ができたかが問題となる

社会では学歴を気にしすぎる人が気にしているような判断は一般的に行われません。東大法学部卒よりも、ＭＡＲＣＨ出身の弁護士のほうが、法律がわかっているし優秀で使えると思われてしまいます。また、大学学部がマーチでも、大学院が東大や京大で、勝負できている人なら、そのレベ

ルの人と思われます。学部卒で東大卒と、マーチの博士課程修了だと、マーチの博士課程修了者のほうがあからさまに上という感覚かもしれません。学歴を異常に気にする人は、そんなわけがないと考えているのでしょうか。過程など場所が場所なら関係ないのです。もちろん2ちゃんねるの掲示板の上ではいきりたおすことができるかもしれませんが、仕事を任せるとか、有資格的かという判断になると、資格は持っているか持っていないかが大事です。博士課程は満期単位取得でも、日本では評価の対象となりがちです。その理由は日本では文系では学位があまり出されない傾向が強いと教員は知っているからです（実力以外の影響が強くなることがある文化が問題視されている説が散見されることかもしれません）。到達点が高いかどうかが大切です。

「子供の理屈」を早いうちに捨てて、短期視点より長期視点で考えよう

学歴や資格などはその人の能力のごく一部にすぎません。つまり最低ラインということです。現実には、職場での対人能力や、問題解決力、誠実さ、などのほうがはるかに重要です。時には容姿も能力のうちです。従って、学歴や資格は足きり要素と言えるかもしれません。足きりをクリアした後に、勝負があります。ところが、学歴至上主義者は学歴がすごいので、自分がめちゃくちゃに優秀なのだと考えがちです。この発想は子供的理屈です。一緒に仕事をしたくない人と思われたら社会では一般的に終わりです。また、モラルが低すぎる、感情をコントロールできない……などの

極端なマイナス要素も存在します。これらのトータルバランスが一般的な大人の視点です。就職や昇進を考える場合、前記のような能力をバランスよく育てたほうが、本人が幸せになりやすいと言えます。短期で考えず、長期でどのような力が必要なのかを問いましょう。

総合型選抜で合格が低く見られた時代の終わり？

一昔前は総合型で合格した人は能力が高くないという意見が幅を利かせていました。しかし、今後はこのような考えは徐々に少なくなっていくでしょう。私自身、大学の学部は一般入試で受験し、大学院は口頭試問、面接で合格しています。博士課程は論文テストで合格、プレゼンで合格、研究計画で合格、面接で合格という形です。従って一般入試のような入試も経験しており、総合型のような入試も経験しています。そもそも普通に考えれば、もっとも贅沢な試験は口述なのです。大学の学部では、一人一人の知性を見るのが手間なのでマークシートを集めて機械に読み込ませて終わりにしています。その人の知性は論文を書かせる、研究計画を書かせる、学習計画を話させるなどすればだいたいわかります。総合型選抜なんて……という古い考えを捨てていきましょう。日本の常識は世界では非常識です。

たくさん覚えるとすごい……はもう時代遅れ？

「なぜ日本史ができるとすごいの？」と質問すると、たくさん覚えることができているから……と学生からは返答があります。たくさん覚えることができている人は頭がいいという考えがあるようです。この点も海外と日本の違いです。暗記量が多い人が優秀という考えは間違ってはいませんが、記憶は繰り返せば定着します。また大量に記憶ができないケースでも、やり方を工夫すると記憶できてしまいます。私はこの記憶をさせるという点においてプロなので、東大卒に勉強方法を教えています。パソコンやスマホで情報環境が変わってきて、そろそろ記憶できなければ優秀ではないという時代は終わりに近づいているかなという印象です。人工知能が無い時代はそれでも記憶量が大切でしたが、人工知能が開発された現代においては、記憶の重要性はますます下がっています。これからの時代は新情報環境をどれだけ活用できる人材かが大切になるでしょう。

人工知能以下の思考力の人間に求められる唯一の能力

人工知能の進化はすさまじいので、文章生成ＡＩが初期的である現代においてもすでに人間の思考力を追い抜いているような振る舞いを見せかけています。専門家によると、指数関数的にこの能力は伸びるという意見もあるようです。そうなった場合、完全に思考力においても、人間は人工知能以下ということになるでしょう。大学教育も含めた教育の再定義が現代では必要です。人間に求められる能力は、仕事をタスクとして見た場合、人工知能以下のことしかできなくなる世界では、精神性かもしれません。研究や仕事はすべて人工知能のほうが上ということになると、なぜ人間が必要なのか？という社会的に見た場合の人間の意義が問われるでしょう。人間の能力が人工知能以下となるならば、人間の社会的な意義は、優れた精神文明を築き、人工知能を正しく用いるということになるでしょう。これからの時代精神性が大切なのです。

記憶力、パズル計算力、課題発見、課題解決、次世代の頭がいい条件とは？

人の頭の良さは時代によって、変わるでしょう。ある時代では頭がいい人がある時代では頭が良くない……というイメージで、捉えることができるかもしれません。マニュアル人間が必要だった高度成長期は、記憶力が必要でした。経済が成熟すると課題発見と課題解決が必要でした。人工知能で人間がロボット以下の能力になると、社会に求められる能力は何でしょうか。一言で言えば精神性です。ＩＱ＝能力と仮に考えるならば、ＥＱ＝情緒的能力、精神性と考えることができるかもしれません。対人能力やコミュニケーション能力という低い層の感性だけではなく、広範囲の人々をまとめるような高い精神的牽引力が今後は求められるようになるでしょう。高いレベルのアウトプットは機械がやり、アウトプットをまとめて人々の精神的安定や向上に貢献する側面を人間が実行するようになるでしょう。

ＩＴ力で大企業になんとか入り年収そこそこ？

受験生は、今後社会で何が求められるのかをあまり考えることなく大学や学部を選んでいることが少なくありません。多くのケースで、●●大学なら頭がいいという承認欲求がすべてなのです。現実は、「知らない人は、あなたのことを認めることはまずないし、すごいと思うこともなければ関心もない」です。すべての人から認められようとするから苦しくなります。あなたが認めてもらって、助かるのは、就職や昇進の際です。東大出身でプログラムが分からないよりもマーチ出身で技術が分かるほうがある産業からは評価されます。最終的にあなたはどこで働き、何をしたいのでしょうか？偏差値が一でも高いほうを選ぶのではなく、働き方や世界の動き、その後のキャリアを考えましょう。漠然としたすごいねなんて言葉はないのです。人のキャリアは、人生の過程なので歩める道は年とともに、細くなるイメージです。東京一工早慶を横並びに考えよというのも同じ理由です。何ができるのかしか関係がないことが多いということです。こだわりすぎず受験戦略を立てましょう。

有名人となりちやほやされることにあこがれすぎない

ＳＮＳが普及発展した社会では嫌でも自分を他人と比較するようになります。ＳＮＳは「いきり」だと表現するお笑い芸人さんもいます。またフォロワーがいても、実際には、共感しているわけではなく、「気を使っているだけ」ということも少なくありません。投稿側も見る側も、オンラインの舞台的な承認空間という幻想を見ていると言えるでしょう。ファンからもらった花束を新幹線に乗った後にゴミ箱に捨てている芸能人などについても同じことが言えます。有名になることにこだわりすぎるなと私が言う理由は、承認欲求が人の心をおかしくさせるためです。名誉欲という言葉があるように、人が持つ欲望の一つです。受験において成功しやすい精神性と、「幻想的な実体と乖離した漠然としたすごいという感覚」にずれがあると、判断を誤ります。根本的には「人の上に立ちたいという欲求」が態度、言動、文章、思考に現れ、謙虚な心を失わせます。こうなってしまうと、小論文、面接がダメになり、よく受験に失敗します。

ＳＮＳは漠然としたすごい感製造装置

「なんかすごいって感じじゃなくて……」私の経験では、受験で判断ミスをする人ほどこのようなことを言います。若い受験生が技術や実力の上下を見誤っている時、世間基準の上下（専門家や高度専門職の意見ではなく素人や単なる流行）を頭に描いていることが少なくありません。もう少し詳しく述べると、世間基準の上下とは、学歴評価や、アンケート結果、ＳＮＳのフォロワーや、世間評価などです。あるいは、ユーチューバーの意見です。これらの評価は企業の人事部の評価とも違えば、入社時の評価とも違います。大学における教員の評価とも違います。従って大学入学にも関係なければ、大学院入試にも関係なく、就職にも関係がないものです。就職の際に面接で、私はすごいので……などと主張しても全く相手にもされないわけですが、ネットを朝から晩まで見ていると、このあたりの感覚がなくなり、とにかく今すぐ周りの人から評価されたいなどと考えてしまいがちです。あなたの入試に関係があるのは、大学から評価されている人、学会から評価されている人の実力です。

世界のトップの中のトップの大学の博士課程にいてもすごくない

あえて雑な表現であるすごいという言葉を使用するならば、著者の私はぜんぜんすごくありません。博士課程にいると、感じることの一つは、すごいかどうかに経歴はあまり関係ないということです。どの学校出身かなどということは、グローバルになればなるほど関係ありません。日本の東京大学でも、世界から見ればそこまでの知名度ではありません。北京大学ですとか、清華大学ですと言われても事情に疎いと、そのすごさはあまり分からないでしょう。東工大は、工学系では世界のトップスクールです。しかし国際会議ではだから何？です。結局のところすごいと思ってるなら論文書けで終わりなのです。従って私はこんなに単語を覚えていますとか、こんな検定に合格しています……も世界では通用しません。研究がよければすごいとなるし、よくないなら、微妙に思われてしまいます。今後の大学入試ではこのあたりの感覚が鋭い人ほど受かります。国際的な感覚で、中高生の段階から、きちんとした実力を養成するという感覚が必要なのです。

バカの定義は自分がバカだと気づいていないこと（瓜田氏の発言）

瓜田という入れ墨姿でも有名な人物が、「バカの定義はいろいろあるけど、俺が思うバカの定義は、『あいつ痛いやつだな』などと言って、自分がバカだと気づいていない奴をバカだと思う」と述べていました。現実や実態がどうかについてはいろいろな考え方があると思います。私の教育経験から言えることは、瓜田氏のように考える人は受かりやすい、そして違うと考える人は本当にだいたい不合格となるということです。つまり、小論文試験や面接、総合型で落ちる人は自分が頭がいいと考えて落ちているのです。三角形をイメージしてなるべく頂点にいこうと考えている人は落ちやすい人です。素直な心や謙虚さがなくなるとあらゆる物事に対する推論能力が下がってきます。実際に推論課題を解いてもらい推論能力が低いことを知っても、「こわいですね」などと言うだけで否定してかかる人もいます。結局そんなことないだろうと考えて、その判断も間違っているということなのです。

人生は運という考え方について

人生は運ですというテーゼがあります。対立する考え方は能力や努力という考え方です。どちらも正しいと考える人もいるかもしれません。何が妥当なのでしょうか。運なのは1万年前から同じと言う人もいます。だから当たり前というわけです。運が当たり前になるのも能力論が当たり前になるのも、結果論としての後付け解釈の場合の話です。しかしどちらの考えを自明だと考えたところで、その理論的背景は異なるのです。従ってこの問題はそこまで簡単な問題ではありません。運が存在したり操作可能性があるのかということがここでは問題であり、因子として強いか弱いかが問題です。あるコンピューターシミュレーションでは、能力は関係なく、運だけが、経済的な成功要因であったという結果になったそうです。それでも私たちが人を見下したり、能力にこだわる理由は何でしょうか。人を低く見ることで自分を高く評価したいという欲求が人にはあります。能力にこだわる人は謙虚になりきれずによく落ちます。ハーバード大学のマイケル・サンデル教授は、

（邦題）『実力も運のうち能力主義は正義か？』という書籍を出版し、実力が運によって形成されている現状を社会正義の観点から論じています。

感謝の心ですべて父母のおかげと思え？とは

勉強したくても勉強できない人は世の中にたくさんいます。働かなければならず、勉強する時間を確保できないのです。また仕事は苦しいものです。従って多くのケースでは、父親や母親があなたの代わりに苦しんで、その結果教育費や教育環境費用を捻出し、受験生は勉強をすることができます。あなたが働かない代わりに誰かが苦しんであなたの苦しみを代替わりしているということです。そのため、父母には感謝しなければなりません。このように考えず、結果はすべて能力によるもの……と考えると、謙虚さは失われていきます。父母があなたの代わりに苦しむのは、あなたが喜ぶ顔を見たいからです。自分はげたをはかせてもらっていると考えると、周囲の人に感謝するようになります。受験で受かりやすいのも後者の考えです。そこで、本書では受かりやすい考え方でもある感謝の心を紹介しました。家事や仕事を代わりにやり育ててくれるのはすべて当たり前のことではないのです。

不遇の大天才ラマヌジャン

ラマヌジャンという数学の天才がいました。彼は定理や公理をすぐに見つけてしまいます。ほとんど毎日のように発見していたそうです。ところが彼は貧しく、大学に通うことができませんでした。彼は大学教員に手紙を書き、ケンブリッジ大学の研究員となります。このように、本当に優秀な人の場合、手紙を書くだけでも、大学教員から特別待遇で大学に迎えられることがあるということです。私たちは少し何かができるとすぐに優秀なのだと考えてしまいがちです。ずば抜けた人もいることを考え謙虚になりましょう。

子供の価値観は親の価値観に左右される

一般的に子供の価値観は親の価値観に左右されます。親が「あなたにあった塾があるんだからね。」と教えるご家庭はよく不合格になります。一方で親が「先生の言うことに素直にはいと言うんだぞ。」と教えるご家庭は受かりやすいと言えるでしょう。ポイントは、自分の判断を優先しすぎないように親が指導しているという点だけではありません。先生に対する態度は、きちんとしなさいと教えていることで、技術などの正解が分かりにくい指導効果を引き上げているのです。子供の価値観は、スマホで形作られています。スマホで出来上がった価値観が受かりやすいなら問題はないのですが、受かりにくい価値観です。そのため、親が子供の価値観に適切に関与し、受かりやすい状況を作ることが大切な時代となってしまいました。デジタルデトックス（短期間スマホやゲーム、ＳＮＳと距離を取る）なども検討しましょう。また（小論文の勉強はやっても意味がない）など、間違ったことを多くの人は信じています。この意味で、子供が「やりたくない」と言った場合に、親が説得できないようでは、現代的には子供の不幸が確定してしまうような状況ができています。親の価値観と判断で子供の未来が決まる時代となっています。

東大出身よりも慶應出身＋資格？なぜそうなる？

職種によっては、東大を出ているよりも、単に資格を取得している方が評価されることがあります。日本では頭の良さの象徴が大学の学部合格のように思われていることが少なくありません。海外では、博士号が頭の良さ、あるいは学術スキルの到達点として評価されることが多いでしょう。また実社会で重要なポストにつくのも博士号取得者です。学歴というのはあくまでも評価の一部に過ぎません。多くの人は、全員に評価される必要は全くなく、一部の企業に評価されれば、就職できます。そのため、資格を保有している方が、一般的によいとされる大学を出ている以上に評価の対象になります。学部の場合、大学を出ていることは何かができることの証明にはなりません。修士や博士号は、学術的到達点が高いという意味で研究ができるということの証明になることもあるでしょう。このような事情から、必ずしも学歴があるよりも、資格を取得している方が評価されてしまいます。

東工大の院卒が東大卒と同じ？と言われる理由

東工大の院卒だと東大卒と同じなどと言われることがあります。どのような観点からこのようなことが言われるのでしょうか。一つの理由は、強力な「企業とのコネクション」かもしれません。東工大は技術系企業からの信頼が極めて厚いと言われています。このような事情は東工大ＯＢが地味でよい仕事をしてきたおかげなどと言われることもあります。出身大学はともかく、技術者に一度なってしまえば、技術者として良い仕事ができるかどうかが重要です。この点において、東工大出身者は信頼を積み上げてきたため、抜群の就職力があるようです。大学進学を考える場合、各大学の就職力や評価、昇進の可能性などを多面的に考えて、大学選びを行うのもよいでしょう。一般的に学歴コンプレックスを持つ人がよく言う「すごいかすごくないか」は、ある意味で企業側からは、あまり関係がありません。中途採用なら実績が問われ、新卒なら、同じようなポテンシャルがあればよいのです。どこまで学習が進んでおり、何ができ、どのような素養があるのかを総合的に問われた時、企業側から見て同じような人材観となることが東工大の院卒の評価につながっているのでしょう。

なぜ東大志望者が牛山に教わり東大に受かるのか？

私は東大に合格もしていないし、東大も出ていないので、私に教わって東大に受かるというのは合理的ではないと考える人もいるかもしれません。しかし、現実には、私に教わって東大に受かる人がいます。理由は簡単で、書類作成のレベルと小論文答案のレベルで受験者の合否が決まるからです。東大といっても学部入試の場合、高いレベルで何かが要求されているわけではありません。そのため、低い要求水準の試験に対して「高い要求水準に応えることができた牛山」に仕事を依頼して、成果が出ていると表現できます。このような事情は早稲田や京都大学に関しても同じです。多くの学部受験生が不合格となってしまう理由は、「単に大学の要求水準」を高いと錯覚し、コーチの力量を見誤るからです。高いレベルの大学を受けると思った瞬間に天狗となり、自分の答案のレベルや解答アプローチに対する判断がガタガタになります。そうやって難しい試験を受けるので……と考えてやらなくてもいいことをやり、やるべきことができずに不合格になる人が全体の９割程度いる印象です。

キャリアの大衆受けは狙うべからず？

受験生は将来のことを何も考えずに、高校生の段階で少しでも頭がよく見られそうなところに進学しようと考えがちです。一方で企業側は、学歴だけで評価していません。スクリーニングにお金がかかるので、例えば東大や東工大に出向き、学生を口説き落とそうとしています。わりと平たんに見えているということです。言い換えると、なるべく良い人が欲しいけど、あまり変わり映えしないとも言えるでしょう。ある程度の母集団の中では、「私は頭がいいです」というのは、差別化にはなりません。レーザービームのように焦点化された価値をいかに訴求できるかが大事になると言えるでしょう。「私は頭がいいです」よりも、「私はこれができます」のほうが評価されるということです。多くのケースで評価というのは、可能性の話でもあります。従ってこの人に可能性を感じるというのでなければ、評価は得られないのです。仮にそうであるならば、この人に仕事を頼むとどのようなことが可能となるのだろうか、なぜかということが大切になります。「キャリアの大衆受け」には意味がありません。

有名大のよい学部より東大？東大より海外？海外より美大？

なるべく上に上に上がろうとする考え方があります。自分が何をやりたいのかよりも、上に上がりたいという欲求に基づく進学がこれにあたります。自分の学歴が高いことにこだわっても、東大からすると下に見られることもあるでしょう。また東大でも海外の大学からは評価されにくいでしょう。海外では名門校よりも美大出身者が活躍したりします。加えて言えば修士課程、博士課程があり、結局修士や博士から見れば、大学は関係なくなります。もちろん、東大の学部にこだわる感覚もわからないでもありません。いい大人が学歴について記事を書く際に、学部が難しいなどと表現してしまうこともあるようです。この論評の意味のなさは、就職的にも実務的にもあまり意味がない点にあります。実務上は実質的に最終学歴で判断されます。到達点だからです。就職的な観点から言えば、企業とのつながりで決まります。中途採用は仕事の実績で決まります。すると漠然とした学部の経歴は、事実上は東大を目指すエンタメマンガの世界観的なものとなるでしょう。上を目指すのではなく、焦点化をイメージしてキャリアを考えてみましょう。仮に百歩譲って学部が難しいとしても、難しい試験に合格することが頭の良さを証明することにはなりません。どこの大学なの？という世間話でしか、すごいとは思われないことが多いということです。現実にはある受験漫画で言うところのプラチナチケットとは、①最終学歴、②資格、③実績、④突出したスキル⑤経歴です。大学名ではありません。本書で、東京一工早慶を横並びに目指すことで、受験戦略上確率が上がるのでそうせよという根拠はこんなところにもあるのです。

物心両面で豊かになることを

社会が不景気であり、多くの人の生活が困難を極める時代においては、経済的な価値も大切です。経済的にも豊かになり、精神的にも豊かになる考え方を「物心両面で豊か」になると言うことがあります。現代的には、総合型選抜入試などが増え、志望理由書の中に理念を書く必要があるケースが増えました。志望理由書では、自分のことだけを考える人なのだなと思われてしまうと、あまりよく評価されることは難しいでしょう。このように書けば、すぐに「人のため」と言えば、評価されると安易に考えてしまい、あまりよく考えもせず、「人のため」と連発し始める人がいます。このような安易な態度も望ましくはありません。人間が本来利己的であることは学問的にも自明性が高いとされています。本来利己的であるはずの生物が利他的であるとはどういうことなのか。この非合理性が、学問的な関心事項となっています。人が利他的になるのは、例えば「同病相憐れむ」という言葉があるように、人の痛みを知り、痛みに共感する時です。自分の人生を振り返り、自分にはどのような経験があり、どのような共感があり、どのような動機や、思いが芽生えたのかを考えてみましょう。何もなければ本を読むことも大切です。そうやって人間的成長が起こった時、偏差値の成長ではなく、物心両面における成長性をアピールできます。これが新時代の受かり方です。

難関大学受験生は志望校の学部生を過大評価して落ちている

　難関大学受験生は、学部の学生は天才などと考えていることがあるようです。この場合、そこを受験する自分も天才と考えます。あるＴＶ番組で、「俺は慶應落ちたけど、受けているから、受けてない君より上だよ」とタレントが述べて、笑いになる一幕がありました。テレビ番組としては笑えますが、このような先入観で自分が優秀だと思い込み、先生の言うことが聞こえなくなり、不合格になるなら笑えません。ところが、このような勘違いは、一般的です。非常によくあることです。

　現代の若者は、大学教員はバカで学部により能力証明ができて、ライバルはバカと考える傾向があるようです。仮想的有能観という概念で近年これらの若者の心的傾向が多数研究報告されています。現実には大学教員のレベルは（言うまでもなく学部生とは天地の差があります。）高く、学部生のレベルは低く（言うまでもなく、学術1年生です。）、ライバルはだいたいそこそこ強力な力を有しています。つまり客観的に見て、教員、学生、自分、ライバルの4点すべての評価が狂ってしまっているということです。このようなバイアスが生じる背景には、実社会と切り離された近年のネット情報の流通があるでしょう。説明の必要は本来ないのですが、ポテンシャル（能力）と実力は別です。実力が高い先生に謙虚に学ぶ人が最難関に受かります。

▶第三章◀

新時代受験基準で東京一工早慶に受かる小学生の勉強法

そもそも論1：国立大学の約半分程度が総合型に移行するか？

今小学生の子が大学を受験するころには、約半分程度が総合型選抜などで受験している可能性があります。現状でも東北大学は約3割程度を総合型選抜で合格にするようです。今後この流れは大きくなることはあっても、小さくなることはないでしょう。今は全体の約8割程度の国立大学が総合型選抜を実施しています。総合型選抜入試では、小論文や志望理由書が必要になります。つまり、必要なのは学力ではなく人間力です。昭和の感覚から言えば、能力が高い人が優秀……というのが常識です。そもそも能力主義的な価値観は、いかにも昭和、高度成長時代の社会的ニーズであったと言えます。小学生から人間的成長をいかにしてうながし、自立的かつ主体的に考えることができるかが大事になります。ぜひ本書を繰り返し10回は読んでください。近くの県の国立大と地元の国立大について、総合型選抜があるか調べておきましょう。本書のアプローチを使用できるかもしれません。

そもそも論2：合格のカギは小論文と書類作成にあり

学力選抜で合否が決まらないのであれば、東大をはじめとする難関大、地方国立大への合格は何によって決まるのでしょうか。小論文と書類です。最初に志望理由書などの書類を大学に送ります。ここで不合格となるなら次はありません。従って書類をどう作ることができるかが大切です。多くの人はここでレベルの低い書類を作ってしまいます。次に大事なのは人間力と言えます。感情を揺さぶるような書類になっているかどうかが大切です。大切なことは、これらの総合的な支援ができる先生・コーチ・コンサルはほぼいないことです。先生は博士課程まで行っていないことが多く、研究に関するトレーニングが浅いことが少なくありません。また、小論文試験で高い点数をたたき出すこともできないことが多いと言えるでしょう。少なくとも論文試験で高い点数を取得した実績がありません。小論文は難関大でも65点程度で合格します。従って合格者も高い点数を取れているわけではありません。

そもそも論3：問題はおけいこができない状況で18歳を迎えること

現代的な若者は、いわゆる「おけいこ」ができないことが少なくありません。先生に言われたことをやり、大切だと考え、内省し、改善につなげることができないのです。なぜできないのでしょうか。現代的に流行している価値観で頭がいっぱいだからです。挨拶をしない、他人を信用できない、ネットを信用する、先生をあなどる、自分の力を過信する、正解はないと考える、謙虚になれない、従って素直にもなれないということです。この心的傾向では、「レベル１０００の指導」の方が、「レベル10の指導」より良いなどといったところで何の意味もありません。何を教えても入りません。受け入れないのです。（なぜ私が正しいのに、そんなこと言うの？もっと大切なことは私が正しいと考えることなのに……）などと本人が、点数も取れないのに強く思い込んでいる状態で、成長しなくなります。従って、18歳までにこの状態にならないことが最も（一番ということ）合格に関して大切です。

そもそも論4：おけいこの要素は勉強癖・礼儀・態度（学びの姿勢）・謙虚さ・共感性

それでは難関大に受かるための成長にもっとも大切な「おけいこ」とは何でしょうか。スマホばかり見て、勉強しないのでは、おけいこもへちまもありません。デジタルデトックスが必要などと言われますが、一定時間はスマホを見ない自制心も大切です。また、礼儀や態度が悪い場合、心の在り方が問題となり、人は学ぶことができなくなります。「挨拶に始まる当たり前の作法やマナー」が、人間性を磨きます。態度教育の重要性については、原田教育研究所の原田先生（日本一を7年で13回作る）も強調しています。態度の良さが、パフォーマンスの質を決定しています。インプットするノウハウが良ければ成果が出ると勘違いしている人もいます。教える内容は良くなければなりませんが、態度がダメなら何も入りません。（うるさいな）と心の中で思ってすべての聞いた内容が実行もされません。また、本人の中で問題意識も育まれません。問題意識がないので考えることも反省もしません。反省しないので改善しません。そして行動も生まれません。だから態度が重要なのです。態度とは表面的な行動ではなく学びの姿勢です。謙虚さと共感性も大切です。これらの力をどう若い時から育てるかを考えましょう。

そもそも論5：先生と同じ土俵で考えていると思わない

賛否両論があるかもしれませんが、教えてもらう時には、先生と同じ土俵で考えていると思わないほうがいいでしょう。教えてもらってうまくいかない人は、先生と自分が同じ程度の理解か、読みの深さであると錯覚していることがあるようです。どのような分野でも物事を教えてもらう際には、先生のほうが数段深いレベルで物事を感得し、理解し、高いレベルで技術を発揮できることが少なくありません。近年は、ネットが普及し、情報が氾濫しているので、情報を得れば何かを理解できたように錯覚する人が増えました。現実には情報のよしあしが分からず、裏どりをしていると錯覚してだまされ、広告に踊らされ、偽装工作にまんまとだまされ、レビューや2ちゃんねるの内容を信じているだけということが少なくありません。低いレベルの理解で錯覚を重ねるのが現代人の思考回路であり、このような現象は「スマホ特有の表面的理解による勘違い」と呼べます。親が教えるべきはこの点であり、だからこそ素直に学ぶように子供に教えておくことが有効です。**自分が理解できない時は先生が間違っているのではなく、単に自分の理解が追い付いていないだけという可能性を常に疑えるか（きっとそうなんだと考えること）どうかが極めて大切になります。**若い人の理解が浅いのは能力が低いのではありません。理解とは経験の重層性なのです。従って年を重ねることで理解は増します。

そもそも論6：親しか助けることができない時代が到来

都会バイアス（都会にいる自分は情報収集で有利なのだという勘違い）、②仮想的有能観によるバイアス（心理学で報告されている現代の若者に特有の、他者がバカに見えてしまう先入観）、③冷笑的な文化（能力が成果を出すという宗教的信念に基づいたマウントを取りたい欲求）による推論能力の低下、④だまされやすくなった人が多い時代において、アマ汁を吸うことができると子供を誘う広告（小論文試験対策が短時間で終わる、○○するだけ、構文論法など）などにより、現代的には多くの人が、適切に小論文対策をできません。つまり放っておくと、大体の受験生が小論文対策について、深刻な間違いをしてしまいます。筑波大学の名誉教授が市販の小論文本の約95％はダメと述べているのと同じような状況になっています。多くの人はあまり（現段階では）一般的な小論文指導をまずいと考えていません。構文論法は、多くのケースで構文が間違っているので点数を落とします。だから親しか助けることができないのです。

そもそも論7：親・祖父母の役割とは？

今の時代、親や祖父母の役割とは、学力を引き上げることではなくなった……というのが、私の考えです。なぜならば、ここまでで、ご紹介してきたように、今の時代は中学受験も疑問符、大学受験では、総合型が主流となりつつあり、併願によって受かる確率は上がるわけですから、既に「一発勝負の学力試験を目指すこと」はリスクが大きくなってしまったからです。親・祖父母は、子供、孫の考える力と人間性を伸ばすことで、大学受験に備えるサポートをするのがよいでしょう。そのためにおけいこをなるべく早くからさせることを考えましょう。理想的なおけいこは、12歳までは、そろばんです。理想的な遊びは、将棋、オセロです。頭が良くなります。

時間が間に合わない理由

小論文試験で学生の悩み第一位は、時間が足りなくなることです。時間が足りなくなる最大の理由は気力不足です。気力不足は準備不足となり、本試験で間に合わせようという気合い不足となります。気合いの不足はスピードの不足につながり、間に合わせてみせるという決断も本人から奪います。気力不足は、きちんとしようと考える態度の不足に由来します。私がいつも試験で時間が不足する学生に対して、「私と君との違いは、1時間前に私はネクタイをしめて先生に対峙することだよ」と言ったことがあります。その子は小論文でいつも時間が足りないのですが、いつもオンライン面談で遅刻をしていました。態度、心構え、服装、マナーをきちんとしようという気力が不足しているのです。私は指導教員の先生に会う1時間前からは不足の事態に備えて必ず準備を始めます。小論文試験で問題を解いてもスピードが違う根本的な理由はこんなところにあるのです。

態度教育でなぜ個人の能力が劇的に引き上がるのか？

態度教育を行うと、個人の能力が劇的に引き上がります。態度をただすということとは、究極的には愛があるかどうかです。親は自分の子があぶない包丁の持ち方をしたり、変な遊びをしていると、全力で叱ります。子供が危険にさらされるからです。一方で他人の子ならどうでしょうか。叱ってもいいし、叱らなくてもいいと感じてしまう人がいるかもしれません。その子がどうなってもいいなら叱る必要はありません。態度についても同様で、良い態度をとるようにと指導する背景には、「真剣勝負のモードに入る必要性」があります。単なる金儲けの教育なら態度を指摘する必要もありません。ずっとほめていればいいのです。教える側も真剣になり、教わる側も真剣になるのは、暗黙的に愛情があるからです。従って教わる側が、態度を改善するのは「教える人に対する敬意と感謝」からであり、「自分が成長するための儀式的なもの」です。

実は頭の良さではなかった!?グリッドが教える精神性

『ＧＲＩＤやり抜く力』という書籍をご存じでしょうか。この本の中ではやり抜く力が長期的に本人の成功にもっとも影響を与えているという報告が成されています。多くの人は、優秀な人が良い大学に入り成功すると考えています。しかし、綿密に調査を行うと、やり抜く力が長期的な成功に最も影響があるというのです。勉強が続かない人は多いものです。短期的には勉強をがんばることができても、ずっと続けることができる人は多くありません。頭がいいから記憶できるのか、続けるから記憶できるのかと言えば、続けるから記憶できることのほうが多いと言えます。頭がいいからおけいこできるのか、続けることができるからおけいこができるのかといえば、続けるからでしょう。まさしく継続は力なりなのです。試験の直前だけがんばる人と、ずっと継続的にがんばる人では、継続的にがんばる人のほうが総じてパフォーマンスが高くなります。

頭が良くなる方法

小学生の頃に大切なのは、そろばん、読書、ボードゲームの遊びです。そろばんは、3級以上で暗算をやるようになるので、頭の中でそろばんを操作するようになります。こうなると、脳内のワーキングメモリと呼ばれる部分を使用するようになるので、頭が良くなります。読書はなぜ必要なのでしょうか。スマホ検索結果の情報がうすっぺらく信用がなく不正確であり、大量の理論や深みのある理解を形成しにくいためです。従って本のほうが（現状では）優れています。本を読まない人は、考える習慣に乏しく手っ取り早い正解を求めて、与えられた非論理的な正解を信じ込み、世間の風潮に流され、よく考えもしないで間違ったことを信じていることがよくあります。さらに、自分が間違っていることに気づくことなく、冷笑的に他の意見をバカにしており、自分がよく考えもせずに、何らかの結論に至っていることにも気づけなくなるのが本を読まない人の特徴です。ボードゲームは推論能力を高めることが定量調査で明らかになっています。

スマホは持たせるべきなのか

スマートフォンは持たせるべきなのでしょうか。持たせるべきという側の論理は、儲かるので持たせるべき、プログラマーとして成功した人がいるので持たせるべき、体が不自由な人が道を開いたので持たせるべきというものです。主にメリットに注目しています。持たせるべきではないという側の論拠は、考えなくなるというものです。また、ここまでにご紹介したように、考える力がなくなる、自分が世間で支配的な考えに染まっていることに気づかなくなる、情報弱者なのに強者だと勘違いする、心がすさんでくる（すさんだ情報を取ることが増えるため）などです。14歳程度までは、ビル・ゲイツ氏や、スティーブ・ジョブズ氏はスマホを子供に持たせなかったという説もあります。もしも総合型選抜など小論文試験で受験するなら14歳程度まではデジタルデトックスを行うほうが、適応力が高まるでしょう。情報にお金を使いましょう。

ガクトはゲームを禁止されていた？

ミュージシャン、タレントとして有名なガクトさんは、ゲームを子供の頃禁止されていたそうです。そのため、友達の家でゲームをして遊んだのだとか。厳しい家庭では、ゲームを禁止することもあるでしょう。著者の牛山もある程度ゲームは禁止されていました。勉強しなくなるからでしょう。それでは、その分たくさん勉強したのかといえば、そうでもありませんでした。ゲームをしないという状況はある程度必然的に本など別のエンタメ性があるものへと興味を向かわせます。私の場合は、日本文学や推理小説を子供の頃に読みました。文学を読めばすぐに教養が身についたり、即時的にわかりやすいメリットがあるわけではありません。大事なことは何かが変わるということです。牛山に仕事を依頼される保護者の方の中には、「牛山と子供が話すことで将来この子にきっと何か役立つことがあるはず」と言う方もいます。最短距離が一番すばらしい人生なのではなく、時には回り道をしても、不思議とその人にとって最高の場所にたどりつくのが人生です。

キャリア教育をどのようにスタートさせるべきなのか

現代的な日本の問題点の一つはキャリア教育が不十分であることです。子供は、何のために勉強するのかよくわからない状態の中で勉強をがんばっていることが少なくありません。将来に対する明確なビジョンがある人は、勉強を継続しやすくなります。難関大学に子供を合格させることができる親には、文化資本があることが少なくありません。年収との相関ばかりが強調されるので、難関大合格のためには、年収が必要なのだという意見があります。現実には富裕層もよく不合格となり、学費を自分で稼ぐ子が難しい大学に合格しています。この差はどこにあるのかと言えば、キャリア観が親（そして子供）にあるかどうかです。文化資本としての高学歴が親にあるケースやキャリア観が子供にある場合、どちらのケースもうまくいきやすいのです。共通点はキャリア観です。それではこのキャリア教育をどのようにスタートさせるのがよいでしょうか。私が運営する塾では親との三者面談や、塾の授業の中で、志望理由書づくりの過程で必要な取り組みをします。まずは将来の夢を話し合うことが大切です。

スマホで染み付くかっこいいというあこがれ

将来像を決めるきっかけはドラマだった……などということが少なくありません。ドラマを見てなんとなくかっこいいのでこの仕事にあこがれた……という場合、将来像がくるくる変わります。小学生の場合、タレントや歌手、スポーツ選手、漫画家、など、目立つ職業が多いようです。職業観というのは向き不向きも含めた社会認識から生まれるものです。また、自分の志のようなものは、思春期を通じて育ってくるので、ねばり強くどのような社会貢献のあり方が自分に向いているのか、やりたいのかなどを考える必要があります。スマホを一日中さわっていると、このような妥当なプロセスでの将来構想よりも、手っ取り早く稼ぐことができることばかりが強調されがちなので、将来像も狂ってくるかもしれません。その理由は商業的情報が幅を利かせやすいからです。商業メディアばかり見ていると商業的価値観になりやすいと言えるでしょう。どんな価値観でもよいと考える人もいるかと思います。問題は志が育たないと、新時代の入試では受かりにくいということです。

驚くほど自分の考えを持たない現代的あり方が低い点数に

小論文試験で高い点数を取ることができない受験生がほとんどです。その理由の一つはいわゆる正解に価値があると考える正解主義的な教育を受けているため、小論文試験でも何が正解なのかと考えることです。反対に、正解はないのだから何を書いても点数が高いなどと考えている受験生もいます。どちらも間違っています。両者に共通するのは洞察がないことです。多くの受験生は洞察なく、思ったことを書き連ねてしまうので点数を取ることができません。スマホ検索し、出てきた内容を少しスライドさせた内容が高い点数なのではありません。この意味で天声人語を読んでも点数は上がりません。先入観なく物事を考えた上で、妥当な結論に至るための意志決定を合理的にできる頭づくりが必要です。自分の頭で考えるとは、このことを指します。ネタ本も意味がありません。小論文はこの本を読めというおすすめも不要です。知識が書いてあることがほとんどです。一方で私が書いた小論文の本は考え方が書かれているので読んでおきましょう。

塾には行かせるべきか

数学については、塾通いと成績の間に相関が見られるそうです。しかし、他の科目はそうでもありません。従って、数学だけ塾を活用するというのはうまいやり方です。小学生の間は、そろばんや算数・数学の塾に通い、中学以降は、小論文を勉強させるのもよいでしょう。中学以降も数学は塾を継続してよいでしょう。英語については拙著『慶應に合格する英語勉強法』を読みましょう。『偏差値30からの慶應大学突破法』か『慶應大学絶対合格法』を読みましょう。この通りにすれば、塾は不要です。塾が必要かどうかは、私が書いた『勉強法最強化ＰＲＯＪＥＣＴ』や、『機械的記憶法』、場合によっては『自動記憶勉強法』などを読んで判断いただくのがよいと思います。英語と数学については、高校１年生〜２年生で、高校３年生までの学習が終わっているように準備することが大切です。この状態を作れば、高校３年生の段階では、大学入学共通テスト対策などに力を注ぐことができ、総合型選抜でも有利となるでしょう。

本書でお気づきの方もいるかもしれませんが、一番大切なのは、小論文の塾でしょう。なぜならば、今後は、総合型選抜や推薦が主流の時代となるからです（理系は除くケースあり）。従って、小学生あるいは、中学生くらいから、なるべく早く小論文の実力を引き上げることが大切となります。この点については、**おけいこができるようになること**が主な目的であり、小論文の実力を引き上げることが主な目的ではありません。ボトルネックは、良い教育を受けていないことではなく、何歳であっても先生の教えることに価値と意味があり、それを分からないなりに学んでいくことの大切さを感得できているかどうかにあります。この点がダメになってしまうと、**中学生以降小論文の成績は全く上がらなくなってしまいます。**早いうちから教える真の意味は「おけいこができるようになること」にあるのです。

中学受験のメリットとデメリット

　中学受験はさせるべきなのでしょうか。学力偏重型で、大学入試を突破する作戦の場合、中学受験をするのはありでしょう。しかし、本書で、ここまでご説明したように、総合型で広く受験してどこかにひっかかる形で合格を目指すなら、中学受験はしないのも手です。中学受験のメリットは、学力を引き上げる底力がつくことです。言ってみれば学力にパラメーターを全振りするイメージです。中学受験のデメリットは、勉強エリートで、カオスな世界に弱い人になりかねないことです。どんな時代でも生き抜く力や安定を必ずしも求めずチャレンジする力、何度こけても立ち上がる力など、生き抜く力を養うには、人生観が必要になります。人生観は価値観に支えられています。価値観は体験に支えられています。体験は読書に支えられています。本を読み、よく考え、よく学び、志を育て、様々な体験をするには、時間が必要です。中学受験はこれらの時間を子供からなくしてしまうというデメリットがあります。また、関連することですが、能力主義になると、冷笑主義となり、**おけいこ（謙虚に学ぶ）ができなくなることが少なくありません。**この場合、慶應大学には受かりにくくなり、その他の大学の総合型にも受かりにくくなります。

難関校でビリと、普通の学校でトップ？

難関校に進学しても、そこで底辺の学力になってしまうと自信がなくなるなどと言われます。難関校で、勉強を猛烈にやり、なんとか上位でいられればいいのでしょう。しかし、そうでもない場合、強いストレスにさらされ続け、その上で、そうでもない成績となることもあるでしょう。加えて、エリートとしての自己認識から、学力に対する異常な執着が生まれることもあるでしょう。ヒエラルキーの色眼鏡で世の中を見ることもあるでしょう。難関校なら頭が良く、そうでなければ、頭はよくないなどと、学歴エリートは考えがちです。現実には学歴がなくても優秀な人は山ほどいます。このようなことがさっぱり分からなくなり、学歴がないなら頭はよくないとか、偏差値が一でも高いほうが優秀で有能という学歴バイアスを持つ人もいます。社会に出て中卒の人のほうが、はるかに仕事ができる状況などを見ても、このような人はなかなか考えを改めません。勉強は、やらせてもらえた人によってできているのであり、その意味で周囲のおかげで成果が出ています。このような感謝がなくなってしまいがちです。難関校に進学するデメリットはヒエラルキー思考です。

のびのび教育かスパルタかの議論は古い？

従来は、のびのび教育にするか、それともスパルタがよいのかという議論がありました。この議論はもう古いと思います。のびのび教育は、たくましく育ってほしい、スパルタ教育は勉強ができるようになってほしいということで対立がありました。現代的には、勉強はほどほどでよくなってしまったのです。つまり、総合型では結局小論文と面接でだいたい決まってしまうので、試験対策に時間などかかりません。普通に勉強していればいいのです。大事なことは小論文で点数が取れるように、素直な心が18歳までに育つことです。18歳までにおけいこができるようになることが大切です。先生を信じることができず、ネットの間違った情報に簡単にだまされてしまうように育っていると、18歳の時点で難関校に総合型で合格することが難しくなります。この意味で、現代的には社会教育と小論文の教育をほどほどに続けていくことが非常に大切です。小論文で学部の合否が決まるためです。博士が一番上の到達点で次が修士、その次が学士です。学部の入試にも学力が不要になりつつあります。(程々に必要)

小学生のうちは教訓と楽しい読書

今の子供はアプリとゲームばかりをやります。スマホは刺激に満ちています。勉強は退屈です。子供は読書も退屈なのでやりません。現代の子供は、情報はたくさん手にはいるので学校で何かを学ぶことにあまり意義を見いだせません。情報を手に入れることができるのは自分の力であると錯覚しがちです。このような状態なので、何かを学ぶには最悪の精神状態となりがちです。誰からも何も学べなくなり小論文試験で不合格となる状況を避けるには、精神と知力を育てる必要があります。そのために、大事になるのは、なんらかの教訓を学ぶことができる読書です。加えて、楽しいと感じる読書が大切です。本を読むことの楽しさを覚えることが小学生の段階では大切です。本は楽しいと考えている人と、本は楽しくないと考えている人では、その後の読書習慣に大きな差が生まれるでしょう。一番のポイントは、心が冷笑主義に傾かないことです。冷笑主義や能力主義に心が傾くと、**おけいこができなくなり、18歳で受験するまでに、小論文が全く伸びなくなります。**

ゲームよりおもしろい読書は名作

読書には、ゲームにはない楽しさがあります。知的好奇心という言葉があるように、主体的かつ積極的な子供には、物事を知りたいという探求心があります。好奇心旺盛になるポイントは、興味深いという感覚に対するアハ体験のようなもの（気づき）をすることにあります。私の場合中学生の時に読んだトルストイの人生論がこれにあたります。多くの人が理解していると思っていることの多くは、理解されていないというテーゼから、『人生論（トルストイ著）』は始まります。ゲームはゲームでおもしろいのですが、読書も同じようにおもしろいものです。単純な高揚感や、暴力的な刺激の連続となるゲームや、ぼーっと眺めるだけのテレビでは主体的かつ積極的な探求心は養われません。名作と言われる書籍を子供に読ませましょう。名作の場合知的な刺激が非常に大きなものとなるでしょう。ここでもポイントは、心が冷笑主義に傾かないことです。

スマホを使えば使うほど成績が下がっている

東北大学の榊助教授は、定量調査から、スマホを一日に3時間以上使用すると、勉強をしても偏差値が50に届かないという研究報告をしました。榊助教授は「すでに世界の調査では、ＩＣＴ機器を使った学習に取り組んでいる国ほど、学力が低いという結果が出ています。」と述べています。私自身の経験でも、デジタルデバイスを勉強に使う子ほど受からないので、なぜかと考えたことがありました。

仙台市が約６７０００人の小学生、中学生を対象に実施した調査結果によれば、スマホの使用時間は年々増加しています。以下のことを読み取れます。①**平成26～29年にかけて毎年増加傾向。**②**年齢が上がるにつれて増加傾向。**（平成29年度仙台市標準学力検査，仙台市生活・学習状況調査結果の概要についてを参考）

要は年々この子供・孫がスマホ中毒になる問題は深刻化しており、年齢が上がるにつれてひどくなっていると言えそうです。

スマホ利用時間が伸びるほど、数学の点数が下がるという調査報告があります。長時間勉強している子でもスマホの利用時間が伸びれば伸びるほど、数学の点数が下降しています。（オンライン記事・キャリア教育ラボ「スマホ依存と学力の関係性　平均点数にして10点以上の差が」を参考）

ポイントをまとめなおしましょう。

▼学力も数学の点数も下がっている。
▼年々若者はスマホ中毒が深刻化している。
▼勉強してもスマホを活用すればするほど学力が下がっている。

従って以下のことが言えます。

> 近年若者はスマホを使用する度合いが高まりつつあり、スマホを使用すればするほど学力は低下している

スマホ利用で学力が下がる要因は、勉強時間の不足も考えられますが、前記の報告のように、同じ時間だけ勉強する人たちでも、スマホを使用すればするほどあからさまに学力が低下している点を見過ごすことができません。

『デジタル・ミニマリスト』の著者カル・ニューポート氏は次のように述べています。「スマホ利用による小さなメリットの全部を帳消しにするデメリットがある」

昇級審査や感想文でごほうびもあり??

子供がなかなか勉強をしないということで悩む親御さんは多いものです。動機には内発的動機付けと外発的動機付けがあると言われています。理想は内発的動機付けだけでやる気になることです。ものやお金で釣ったところで、人はすぐにやる気を失うと言われています。しかし、時々なら、外発的な動機付けもよいでしょう。私は子供の頃そろばんの昇級試験に合格した場合に、チョロQという車のおもちゃを買ってもらっていました。子供ながらに欲しかったので、チョロQ欲しさに勉強をがんばっていたのです。普段から何でも高いおもちゃやゲームを買ってもらっていれば、ちょろQで釣られることはなかったと思います。しかし、普段は何も買ってもらえなかったので、ちょっとしたごほうびが刺激になったというわけです。人は刺激に慣れると特に何も感じなくなります。苦痛があるから、快は大きくなります。普段から快楽に満たされすぎると、勉強が苦痛となり、わずかな勉強もできなくなることが多いようです。

速読は小学生からでもよい

速読を嘘だと思っている人は、情報処理の仕組みに詳しくないために、勘違いしているだけです。

インテリでも勘違いしていることがあります。速読はとんでもない技術ではありません。速く読めるだけです。速読をすれば、内容をすっかり全部把握することは難しいと言えます。1ページ1秒程度でページをめくるとさすがに理解力は下がります。しかし、内容をだいたい把握することはできるようになります。無論難解な哲学書などは、この限りではありません。一般書などの場合は、ある程度スッと頭に内容が入ってきます。何が速読しやすいかはやっていくうちに分かってきます。従って、小学生の段階から、簡単な読み物について速読で読んでいくことに慣れておくことは大切です。速読ができるようになると情報収集力がまるで変わってきます。弊社の塾では、速読をすべての学生に教えています。小学生は対象ではないので、小学生が速読をマスターする場合、まずはお母様やお父様が一緒に受講して、一緒にやることが大切です。

速読の練習でも大切なことは、心が能力主義的にならないことです。

親子で学ぶ人も多い

弊社の塾では、親御さんが一緒に学ぶということも少なくありません。この場合、親がある程度リードすることが大切です。お母様とお子さまの場合、お母様は子供の自主性を過度に重視しがちです。このような態度は、優しいという意味では理想的だと思います。一方で、デメリットもあります。強く言えば反発するという問題がありますので、強く強制するようなことはすべきではありませんが、配慮しつつリードできないのも問題なのです。今やっていることが一つ一つきわめて重要であるということについて、ねばり強く少しずつ認識を強化することが大切です。なぜならば不合格になる子は決まって物事の重要性について判断ミスしているからです。教わっても意味がない、今は英語が大切……など単なる判断ミスでしか皆落ちていません。従って、勘違いが少ない親が優しく少しずつ強制せずに受験をリードすることが大切です。

牛山の速読理論とは？

速読と言えばたいそうなイメージを持つ人が多いので、述べておきます。私についてもたいそうなイメージは持たないでください。私が運営する速読教室は一般的な速読教室と少し違います。異なる点は、あくまでも情報活用にフォーカスしているということです。速読はできても「記憶できないと意味がない」とか、「理解できなければ意味がない」ということはよく言われます。しかし、これらの反論に実はあまり意味がないのです。速読の目的は情報活用なので、本来的には情報を活用できなければ意味がありません。そこで情報活用に重要な約12のステップをすべて改善するための速読プログラムを作成しました。速く読む、速く理解する、記憶する、情報整理、問題発見、問題解決、イノベーション思考、クリティカルシンキングなどです。これらのスキルを大げさに感じないでください。個人的には、潜在的な価値により受講後じわじわと人生にメリットがあると考えています。速読は情報処理の技術です。

小学生から英語が理想であり大人の英語力を超えられる

英語は小学生から勉強するのが理想です。この際に、一般的な小学生のカリキュラムや中学生のカリキュラムを使用すると、一気にスピードダウンします。結局のところ、教育のひとつのだまし的要素は、ほとんどの人が足踏みをする状態を作り、中高一貫校に通った人が先取り学習をしていることです。合格しやすいのは先にやっているからと言えなくもありません。従って、単に先取りしてさっさと進めてしまえばよいのです。やり方は、拙著『慶應に合格する英語勉強法』『慶應大学絶対合格法（もしくは『偏差値30からの慶應大学突破法』）』などを参考にしていただいてもよいでしょう。この本は高校生以上が実質的に対象なので、少し丁寧めに文法などをやればいいだけです。

学校への行き帰りだけでも最難関大学に合格できる？

通学中にＣＤなどの英語の音源を聞けば、学校への行き帰りだけでも難関校に合格することができます。小学生の頃から計画的に通学時間を勉強に使用できないかを考えてみましょう。多くのケースで単にスマホをいじり、ほとんど何の役にも立たない情報収集や、ゲーム、おもしろい動画視聴に多くの人は時間を費やしてしまいます。最初からスマホを持たないのも一つの方法です。タレントのローランドは、デジタルデトックスを積極的に行っているので有名です。その理由の一つですが、本人いわく、SNSを見て精神的に落ち込んでいる人が多いとのことです。高校生を対象とした定量調査でも半数近くが、SNSで不安を感じているとのことでした。SNSでは華やかな外行きな情報が発信されがちです。簡単に言えば、自慢がSNSで繰り広げられていると言えなくもありません。学生の側は、動画で勉強ができていると錯覚していますが、「お金をかけて見栄えよくされた中身のない動画情報」により、判断ミスをしている人がほとんどです。点数を取ることができない小論文講師の動画などは、見ないほうがいいと思います。情報収集の弊害はあまり語られませんが深刻です。オンライン中心だと素人中心の情報となります。本中心で情報収集すると「比較的に詳しい人による情報」となります。スマホで情報の裏どりをしようとするから失敗するのです。

必要なのは授業でも管理でもなくスキルとは？

予備校で授業をいくら受けても、成績はあまり上がりません。その理由は、授業は記憶用ではないからです。授業は理解のためにあります。理解のための時間を多めにとっても試験は結局記憶量で決まるので成績が上がりません。そこで授業をしない塾が人気となりました。しかし、管理をしても、学生がたくさん勉強しなければ成績は上がりません。結局のところ勉強というのは、自立的に努力してたくさん記憶できるかどうかで8～9割方勝負が決まっています。頭がいいのではなく、「勉強する時間をもらえるだけ親が働いて時間を確保してくれたかどうか」、「自立的に勉強できるか」でだいたい決まります。勉強する時間があり、勉強を継続できる人が最終的には成績を引き上げます。勉強を続ける技術が大切です。勉強を続けるために学習技術が必要です。

キャリアをぼんやりとでも意識する意味とは

若い頃からキャリアをぼんやりとでも意識すると、どのようないいことがあるのでしょうか。目標を持つことで、物事を達成しやすくなります。私は多くの人の学習をサポートしてきました。その経験から言えることは、頭の良さよりも、明確な将来構想を持っているかどうかでだいたい成果が決まるということです。人は自分が考えているような人になります。もちろん夢が破れるということはあるでしょう。ところが目標は一つとは限らないので、結局のところいくつかある目標のうちいくつかが達成されていくということになるでしょう。大事なことは、一つでも達成されると大きなインパクトがあるということです。大きな目標を追いかけているうちに、ゆらゆらとつかみどころがない目標が形となっていきます。将来構想を実現する技術は、心理的な技術でもあります。

大事なことは、あせらないことです。必ずできる、必ずやりきると思っていない人は、結局途中で投げ出してしまうようになります。精神を学ぶ必要があるということです。

勉強しなさい！はやはり言ってはダメ

勉強しなさいと言うのはよくないとよく言われます。その理由は強制であるため、反発心が芽生えることです。また、効果もありません。効果がなく、マイナス効果があるということです。勉強する人は勉強に価値を感じています。勉強しない人は勉強に価値を感じていません。価値は実現可能性×リターンという理論があります。目指していることは実現するという精神がなぜ大事なのかと言えば、実現可能性がやる気につながっているからです。ダメだと思っている人はダメな現実を引き寄せます。子供は勉強し、うまくいくということを確信し、ねばり強くサポートすることが大切です。実現可能性とリターンを一緒に感じ続ける家庭は皆が勉強するようになります。そのため「学習技術」が必要です。ところが多くの人は勉強はするのですが、学習技術は身につけないのです。

おけいこ癖と勉強癖がつくなら勉強はしなくてもいい

大事なのはおけいこ癖です。勉強を継続する習慣が大切です。これらの力は少しずつ養えばいいと言えます。大事なことはこの2つを指標としているかどうかです。失敗するご家庭は成績を求めます。つまり結果です。特に合格のことしか考えていないご家庭が、うまくいきにくいと言えます。(うまくいかないなら無駄なことをしているな）という結果主義的な考えは、つまるところ、存在否定につながりかねません。結果が出ないならあなたは無価値というメッセージが子供に伝わると、心がすさみ、追いつめられ、苦しくなり、楽しさが減り、やる気が損なわれます。落ちぶれたら終わりという考えは、時に悲惨な痛ましいニュースにつながることもあるでしょう。心が折れるのは価値観が対応できていないからであり、哲学がないからです。自分がオーケー（自己肯定）ではない人は、他人もオーケー（他者肯定）とはならないのです。うまくいかないならダメ……ではなく、精神の状態が不安定になるほうが問題です。目標を心が捉えてがんばり続ければ必ずうまくいきます。短期的な視野の人はすぐに勉強をやめます。定量調査では8割を超える親が社会貢献より、自分の幸せを優先と考えています。結果主義は成果主義であり、経済的報酬がないならやらないという考えは、根気をそぐ考えです。「勉強しない」「する必要がない」という考え方を親が教えてしまっているということなのです。

親子でおけいこしよう

弊社の塾は記憶専用の塾や、速読の塾そして、慶應大学対策塾、そして東京一工早慶を目指す塾（執筆時点では立ち上げ中なので、希望者には慶應大学対策塾に入塾してもらっています）です。速読の塾では、考える力を引き上げます。そのため、親子で受講される方もいます。親が子供に学びの姿勢を見せ、どのように学ぶべきかを教えるのも一つの方法です。なぜこんなことが必要になったのかと言えば、すでに教育は崩壊しかかっているからです。スマホによる情報収集、冷笑的な文化、集中できない子供、礼節やマナーの軽視などは原因の一部です。このような時代の中で子供はすでに自立的に学ぶ力をほとんど持ちません。学ばずに、心理的な契約も結ばずに、人に頭を下げず、楽をして受かったらいいなと考える人が多くなりました。また、現代の若者は自分が点数を取れなくても文章が書けなくても、考えることができなくても、小論文についてはできると思いこんでいることが多いので余計に学べません。つまり他人を軽視するため、学ぶ意味がないと子供は考えています（強く信じていることが少なくありません）。親は忙しく子供の学びにつきあっていられないと思われるでしょう。それでも月に一度でもいいので、オンライン三者面談的な方法で学ぶ機会を設けていくことをおすすめします。心のすさみに対処することです。

奉仕活動でありがとうをもらう経験を積む

子供の人生の中になんらかの奉仕活動を入れることは重要です。例えば株の取引だけで、大金持ちになった人がいたとします。この場合、人と関わりを持たないので、パソコン画面を見て、お金を稼ぎ、自由に生きればそれで人生があがった……などと考えるケースがあるようです。価値観は多様なのでよいという考えもありますが、この考えは実体がどうかを前提としません。つまり、実際のところはどうなのかは、いろいろな人が思いこんでいるだけで、本当はよく分からないということです。少なくとも理念的な思いがある場合、その理念が継続的に活動を行う動機となります。大学受験時に、大学に提出する書面の内容がよくなるかどうかも、受験生の人間的成長度合いにかかっています。このような事情から普段から心のすさみをとることが大切です。感謝されることで、感謝される価値を知り、利他的な精神が育ちます。自分が苦しい思いをして感謝をされることにどのような意味があるのかを実感することが大切です。

子供がやらないのでやりません……でいいか？

教育業に携わっていると、子供が動画を見ませんとか、子供が小論文を書きませんなどの報告がどうしてもあります。それでは、子供がやらないので、やめます…という判断は妥当なのでしょうか。子供がやることだけをやらせている場合、子供の判断に子供の人生をかけます……と言っているのとあまり変わらなくなります。子供の自主性を重んじるのは大変よいことです。しかし、自主性を重んじるのと甘やかせて好き勝手にさせるのは別です。甘やかしの先に、難関大合格は少なくともあまりないと言えるでしょう。甘やかしても大丈夫という考えは、どちらかと言えば、甘い見積もりである可能性を疑いましょう。教育者の立場から見て、うまくいく家庭は、上下関係を教えています。つまりみんな平等という悪平等的な考えで、最大限に権利意識を育てるのではなく、先生についていきなさいと教えているということです。明治時代に福澤諭吉は、Ｒｉｇｈｔの概念を権理通義と訳すことを主張したそうです。公共の福祉を前提とした理にかなった社会を作るためのものという考えがあったのでしょう。権利とは自分のやりたい放題に何でもするという概念ではないということです。学びのスタンスを表面的に取り繕うのではなく、人生を学ぶように先生についていけば、９割成功したも同然です。先生の力であっさり受かります。

▶第四章◀

新時代受験基準で
東京一工早慶に
受かる中学生の勉強法

単に本を読ませればいいのです

どうすれば大学受験で成功しますか？と問われたら、本を読む習慣を身につけさせることと答えます。本を読むと、ネットより多く深く情報を集めることができます。思想や哲学を学ぶことができます。ネットは思想や哲学を表面的に理解する要約であふれています。本で活字に慣れることができます。主体的に読む力がつきます。本で多様な表現活動を知ることができます。ネットでは、表現活動はコンテンツと軽視されています。本を読めば手っ取り早く答えを知るという思考回路を脱することができます。ネットでは、答えもどきの間違った情報があふれています。本は一つのコンセプトで情報がまとめられています。ネットは情報に統合性がなく、思想的にも支離滅裂な断片的知識であふれています。本を読めば文章がうまくなります。ネットばかり見ていると口語と文語の感覚が狂い、だらしのない文章を書くようになります。

小論文の対策はどうするのがいいですか？

小論文試験対策をどのように進めるのがよいでしょうか。小論文対策は、良い指導にめぐりあえるかどうかで決まります。指導者の3条件は、①モラル、②講師が点数をたたき出せる、③問題解決力の3つです。手前みそで恐縮ですが、私はこの3点について、一定の基準を満たしていると考えますので、私の本を読めばいい……と言えば乱暴なのですが、おすすめします。『合格する小論文技術習得講義』『論証モデルと論理式を用いた高得点小論文解法集』『牛山慶應小論文7ステップ対策』『慶應SFC小論文対策4つの秘訣合格法』『小論文の教科書』を読みましょう。他の本は基本的に読まなくてよいと考えます。その理由は、構文論法などで、論文の基本から外れる内容を教えられてしまうことにあります。例外的に大学教員が書いた論文の書き方のような本があれば読んでもいいでしょう。大学教員のアドバイスを無視して現代の若者はユーチューブを見て勉強してしまっているのです。ほとんどの人が点数を落として当たり前と言えるでしょう。

本を読むことで文章がよくなる

本を読むと文章がよくなります。文章を書く実力が上がるためです。一方でネットを見た場合、文章はあまりうまくなりません。ネット的文章ばかりを見てしまうためです。ネットの文章は読みやすさが優先されます。そのため、正確に書くということが行われにくく、文章はネットの標準的言葉遣いによせられがちです。このような事情に疎い人は、とにかくいかめしく表現すればかたい小論文向きの表現になるのだと考えていることが少なくありません。小論文試験でも、普通に書けばよいのです。多くの良い文章を読めば自然と文章は引き締まります。自分が論文向きの文章を書く際にも、より適切な文章表現が頭に浮かびやすくなるでしょう。本を読みましょう。

本を読むことで思考力が身につく

月並みなことを書いてしまう人がいます。特に目新しい考えが答案にない場合、点数は低くなります。だからといって、変わったことを書けばよいのかと言えば、そうでもありません。大事なことは洞察です。洞察は気づきから始まります。気づきが理解となり、その内容を書くと洞察となるのです。この時に、脳内で行われていることは思考の抽象度の引き上げです。物事のつながりが見えない人は、いくら抽象的な思考をしようとしてもうまくいきません。つまり、物事を理解できず、見抜くことができず、考えることができず、その結果思いつかないのです。よく人のアイディアを単なる思いつきなどとバカにする人がいます。このような人が見落としているのは、洞察に基づく正確な論考と、雑多なアイディアは別だということです。思いつきには正確なものと、役立たないものがあります。従って、妥当な思いつきならばそれは洞察の結果であり、誰にでもできることではありません。読書はこの抽象的な思考の訓練となります。

理解速読という読書のレッスンを行うと点数が1割アップ？

私が開発した理解に特化した読解法があります。この理解に特化した読解法を私は理解速読と名付けました。理解速読という講座を受講してもらうと生徒の英語の点数が約1割程度上がります。いまいちこの読解法を使いこなすことができないという人には、オンライン面談を利用してレッスンを行います。すると、読解が得意になることが少なくありません。そのため、1割程度点数が上がるというわけです。オンライン講座はそれなりの金額となりますので、お金をかけたくない人は私が書いた『速読暗記勉強法』という本を読みましょう。この本の中で理解速読を紹介しています。

慶應生は中学生の参考書で満点取れるという勘違い

あまり勉強をしたことがない受験生は、難関大学合格者であれば、基礎ができており、中学校や小学校の問題は全部できると思っていることがあります。そもそも、勉強はそんな風にはなっていません。どういうことかと言えば、同じ英語でも大学と高校と中学と小学校では、求められる力が違うということです。大学では実用、高校では読解、中学では文法知識、小学校は基本的な英語とのふれあいなどが重視されていると言えるでしょう。そのため極端に言えば中学の理科や英語で仮に0点や30点でも大学入試では8〜9割取れるということが起こりえます。実社会ではなんでもできる……は何もできないのと同じです。何であなたは日本一なのですか?という問いに答えられない人は、誰でもできることしかできていません。同様に、大学入試で大学ごとに特色があるのは、その大学が欲しい人材が明確だからです。当塾では、牛山は小論文指導品質に関してはトップレベルの自負があります。理由はいくつかあります。①平均して約9割程度論文で点数を取得してきた経験（自分の点数を開示している講師はほぼいない）②約20年の小論文指導実績（公教育を含む）③小論文成績引き上げ実績（偏差値87．9実現、慶應6学部全勝合格、小論文で模試日本一の報告を3年連続でもらう）④小論文の思考技術を数多くこの業界に持ち込む。（フレームワーク思考、問題解決学、新しい思考力が上がる論理モデル）⑤東京工業大学大学院博士課程在籍（東工大のランキングは、近年国内2〜5位と海外の評価機関から評価されている）⑥国内外の雑誌に論文を掲載⑦小論文の書籍を多数執筆⑧牛山の『小論文の教科書』は公教育において教師の指導用テキストと使用されていることもある。⑨マッキンゼー社の思考技術を間接的にマッキンゼー社のトップであった大前研一氏から2年間大学院で教わりＭＢＡを取得。⑩大学院博士課程の難しい小論文試験で2時間で約６０００字を完答した上で約9割程度（85点）の点数を取得。⑪東大生が受かる気がしないという慶應ＳＦＣ(平分が小論文の点数)に一度の受験で総合政策､環境情報ダブル合格する。⑫平均年齢35歳の大学院在籍中、自分自身が35歳程度の時に、東大卒、東大医学部卒、東大博士課程修了者、東大院卒の大学教員、京都大学卒、早稲田大学院卒、東北大学医学部卒、国立医学部卒などが在籍するクラスで成績優秀者となる。⑬推論能力を研究し、推論能力の引き上げ準実験に成功する。⑭慶應進学専門塾を約20年近く運営し、日本のトップエリートの失敗パターンを熟知（エリートゆえの失敗がよくあり、英検1級を持っていても同じ）した上でその対策プログラムを塾で用意⑮人の心を研究対象としており、専門領域とするため、推論や理解に関する論文を執筆している。⑯新しい論証モデルの開発⑰解法パターンの小論文本を執筆⑱慶應ＳＦＣ専用小論文対策本を執筆、その他慶應小論文対策本を執筆⑲大学院で世界に通用する論文執筆を継続的に学び続けている（アカデミックライティングの内、博士課程で通用する要求水準が高い指導を受けている）。⑳小論文を書く時に何も思いつきませんというのが悩みナンバーワンであり、この点について牛山は発明家でもあり、特許を3点取得。（その特許は元ＺＯＺＯの前澤氏が、1か月で約５５０万リツイートを実現し、１０００万人のフォロワーを実現した方法を工学的に自動化する特許であり、前澤氏が実現する10年前には、この方法が実現すると予測して、出願していた）㉑クリティカルシンキング、イノベーション思考、問題発見思考・問題解決思考などを指導し、大学院においても、問題解決学の科目で最優秀チームに選ばれる。（成績優秀者でかつ最優秀チームは牛山一人のみ）㉒学校法人の小論文添削も請け負い、指導実績あり。㉓慶應義塾大学の小論文試験について約30年分の解説・解答例を外部発注せず自分ですべて作成し公開。（出題予想は、毎年のように的中※どの程度あたっているかは、ウェブサイトでご確認ください。過剰な期待はしないでください。）

中学生は超薄型問題集完全暗記戦略で

高校受験はどうすればいいのでしょうかというご質問をよくいただきます。基本的には非常に薄い問題集だけをやるのがおすすめです。すると、大事なことだけが収録されているので、高校受験レベルだとすぐに点数が上がってしまうのです。一部の超難関校にこの対策法は使用しにくいので注意してください。良い高校にこだわる人は力を入れてもいいと思いますが、私は中学の段階からすでに大学にフォーカスしているほうがいいと思います。なぜならば高校は、一部の学校をのぞいて学歴にならないことが多いからです。学歴になりにくいのに、全力で中学生の勉強をしている暇があるなら、資格を取得してしまったり、大学入試で8割取れる力を養成しているほうがまし……というのが私の考えです。なんでもがんばるのは力が分散するため、あまり戦略的ではありません。とにかく練習、とにかくがんばる……など、がんばる以外に何もないのが、非戦略的考えです。

良い学校に行かずともそれ以上に効果的な方法とは？

とにかく良い学校に行けば、大学も入りやすくなるはず……という考えを持つ人がよくいます。

しかし、良い学校に行くと学力エリートになるだけ……と言えば、厳しい言い方ですが、そんな風に表現することもできます。良い学校にもメリットはあります。周囲が勉強する環境であるため、勉強しなければ……と子供が思うことです。学校でのヒエラルキーが勉強できるかできないか……という環境では、認められるために多くの人が自然と勉強します。良い学校に行かなくても数学だけ個別レッスンを受けていれば、学力が伸びるでしょう。このように、大金を払うのではなく、合理的に成果につながることだけやれば、多くの難関大学への道が一気に開けます。英語は独学、数学は教えてもらう、その上で中学生くらいから先取り学習をして数学についてはなるべく高校のすべての課程を一通り終えておく……こういう対策を考えましょう。何も東大生に教えてもらわなくても先取りすれば数学の場合暗記と理解だけなので、点数が上がります。

分かりやすい間違い、きれいな間違い、それっぽい間違いがあるから本が必要

ネットのコンテンツの怖いところは、見ている側が間違いに気づけないことです。分かりやすい、きれい、美しい、それっぽい、お金がかけられている、見やすい、エンタメ的である、口論している、ケンカ、やらせのはらはらシーンなどがふんだんに取り入れられているなどのいわゆる単なる

間違いが人の注意を引きやすいので拡散しています（バズる）。要は単なる間違いであるにもかかわらず、見ている側が勘違いすることで、商売が成立することもあれば、大きく拡散することもあります。言い換えるとだからこそ本を読む必要があります。

学校推薦を勝ち取るほうが最難関大への道？

学校推薦をもらうことができれば、その分進学は有利になるでしょう。難しい学校に進学することだけが常によいとは限りません。場合によっては、学校が持っている枠を利用するほうがいいこともあるでしょう。学歴は大学以降しかほとんど見られないので、最初から難しい高校ばかりを狙わないのも一つの手です。難関校の場合、入学後にどさりと、学校指定の学習参考書が配布されることがあるようです。はっきり言ってこの参考書のチョイスがよろしくありません。参考書は私が書いた『慶應大学絶対合格法』や、『難関私大対策の急所』で紹介されているものを使用すれば、難関大（一部の国立を除く）に合格しやすくなるでしょう。大学入学共通テスト対策は、各予備校が出しているものをやり、過去問題をやり、目標得点を突破できるまで繰り返すか、冊数を増やしましょう。

いかにして慶應大学受験生や現代の若者は判断を誤り不合格となっているのか？

今からご紹介する誤判断で大幅に点数を落としている人が全体の約9割程度です。

ケース①：「慶應大学の先生は本当によい論文が何か分かるのですか？」と落ちた子が言いました。自分が書いた小論文の答案は、点数が高いと思い込んでいたのです。彼は、私の小論文指導に全く耳を傾けることなく、このままでいいと考えていました。ケース②：「私にものを教えることができる人間が今後現れるのだろうか」と小論文に書いた子が、ほとんどの学部に落ちました。英検1級を持っていたので、かろうじて小論文の配点が低い経済だけ合格しました。③ケース3：「小論文に原因を書いても、受かっている子がいます」と反論する子がいました。不合格となりました。④ケース4：「理解できない指導に従う必要がありますか」と食い下がる子がいました。慶應大学に全落ちしました。当然です。全部理解できるなら学ぶ必要はそもそもありません。前記の事例に共通するのは、気持ちの高ぶり、おごり、などからくる無理解性です。自分の能力を高く見積もりすぎて、周囲の人の知性を低く見積もりすぎています。特に自分が評価されない時に、大学の先生の能力にケチをつけるなどというのは、あまりにも世間を知らなさすぎると言えるでしょう。論文の実力に関してレベルが全く違います。人間は根拠なく何か間違ったことを強く思い込み判断ミスをする生き物です。

――ウィキペディア　ダニング＝クルーガー効果より引用開始――

「なぜ能力の低い人間は自身を素晴らしいと思い込むのか」という調査によれば、能力の低い人間には以下のような特徴があることが分かった[3]。

自身の能力が不足していることを認識できない

自身の能力の不十分さの程度を認識できない

他者の能力の高さを正確に推定できない

その能力について実際に訓練を積んだ後であれば、自身の能力の欠如を認識できる

――引用終了――

※線と背景色は著者によるもの。

ダニング＝クルーガー効果（初心者には分からない）に似た概念として仮想的有能感という概念があります。この言葉は、現代的な若者の特徴として研究報告されています。根拠なく自分が有能

であると思い込む心理状態のことを指します。近年若者によく見られる現象であると報告されています。

通説にそぐわない事実を否定する傾向をセンメル・ヴェイス反射と言います。それまで乳幼児の死亡率が18％だったのが、1％以下まで低下したという実験があります。単に産婦人科の医師が手を洗うだけで、このような成果がありました。かつては細菌の存在が知られていなかったため、なぜ乳幼児が死亡しているのかが分からなかったのです。ところが、このような正しい発見をしたにもかかわらず、センメル・ヴェイスは当時の常識に反したこと（手洗いせよ）を述べたので、批判されました。

確証バイアスという言葉があります。自分の信念を強化するための情報を集めることで生じるバイアスのことです。自分が正しいと思い込んだ人は自分の考えの裏付けばかりを情報として集めてしまいます。同様に、エコーチェンバー現象とは、自分と考えの似た人をSNSでフォローすることで、自分と似た意見が返ってくることです。情報収集をしていると思ったら、単に確証バイアスを強化していただけ……などということもあるでしょう。

フォールス・コンセンサス効果とは、多数派は正しいという思い込みのことです。少数派は間違っていると多くの人は考えがちですが、思い込みかもしれません。苫米地英人博士は、「頭がいい人は常に少数だから少数派の方が正しい」などと発言しています。研究者や高度専門職は全体の1％

程度かもしれませんが、彼らは、多数派と異なる考えを持っていることがよくあります。慶應受験に失敗する学生の言葉をあてはめてみましょう。

▼先生は本当に分かるの？：「ダニング＝クルーガー効果」
▼私を教えることはできない：「仮想的有能感」
▼原因を小論文に書くのは妥当なやり方：「確証バイアス」
▼理解できない指導に従う必要がありますか？：「仮想的有能感」（根拠なく有能だと思い込む）

なぜ慶應に受からないのか、なぜ小論文で点数が伸びないのか、なぜ18歳までにおけいこができるようにならなければならないのか、それらの答えはすべて、前記のような多様な認知バイアスに基づく誤判断（判断能力低下）により、不合格になることです。

物事の理解とは推論のことなので、現実には判断能力低下は理解力の低下です。前記のように、「自覚性のない無理解状態」を作っているのは、何でしょうか。思い込みが強い人の特徴は、依存性が高く（自尊心が低いので他者の考えに頼る）、プライドが高い（人に相談せず一人で決める）ことだと言われています。スマホ病（スマホによる価値観）そのものと言えそうです。現代的には、人は主体的に考える力を失っています。分からないことは検索し、分かったつもりとなり、動画はすでに上から流れるようになっており、主体性がないので、ハッシュタグで探した内容で気に入るものに共感します。ショート動画で解説してほしいと願い、そんな短時間で人生が学べるわけもないのに、何かを得たような錯覚に陥ってしまいます。簡単に言えば、考えずに楽なほうにどんどん流れているとも言えます。定量研究の調査では、人は感情に流されるほど推論能力が低下することが分かっています。つまり、理解できていないのに理解できていると思い込む、自分が優れていると思い込むのは、「欲」により、感情を制御できなくなっている状態と言えます。親・祖父母はこのことを、軽く考えるべきではありません。子・孫の将来がかかっています。

苫米地博士は著書『その検索はやめなさい』の中で、人にはストコーマ（盲点）があるので情報収集で判断を誤ると述べています。その盲点（要は知識不足、体験不足）について「自分では見つけることができない」と同氏は言及しています。何を知らないのか、何を把握できていないのかを人は知ることも理解することもできません。プロをつけ、プロに学ぶのがよい理由はここにあります。知識と経験値の差が大きいためプロに学ぶ人は判断を誤りにくくなります。

ベストセラー本は参考にしすぎない？

ベストセラー本を読んでみると、（ああ、小論文の書き方指導がめちゃくちゃだな）と思うことがあります。なぜこんなことになるのでしょうか。その理由は、読者も作者も、論文のプロではなく、本は広告費で売れるからです。受験生は、ネットに書かれていることを信じていることが少なくありません。また、受験生は、ベストセラー本を信じていることもあります。広告費を投入してベストセラーになっただけ……ということもよくあります。また、アマゾン1位なども、カテゴリランキングは、各種ＳＮＳで宣伝するとすぐに誰でも取れます。ネット、ベストセラー、カテゴリランキングのどれも信用できるわけではありません。しかし、メディアはベストセラーを安易に取り上げがちです。また消費者がカテゴリランキングに詳しくないことを利用して本当は誰でも取れるのに「アマゾン1位」などと宣伝する業者も現れます。

中学生からすでに横並びで考えよ

できれば、高い目標は中学生のうちから持ちましょう。ただし、あまり東大一点を重視した目標設定はしないことをおすすめします。最大の理由は受かりにくくなることです。学力がダントツなら東大一本で、頂点を目指していいのですが、そうでもないという人がほとんどです。この場合、東大を意識することで他の大学をバカにしてしまい、東大も落ちるし、他大も全部落ちるということがよくあります。慶應受験でも同じで、人気学部のレベルが高いと思っている人は、他の学部をバカにしてしまい、人気学部も落ちるし、他も全部落ちる……と非常になりやすいのです。つまり高みを目指す意識が、自分に損をさせたと言えるでしょう。東大や京大はいい大学ですが、東京一工早慶は横並びに考えるほうが受験は受かりやすくなるでしょう。ブランドが欲しい人は多いものですが、とりつかれたようになるのもまずいでしょう。研究内容など学びの内容で差を付けることを考えるほうが健全だと思います。

作文的論文は小学生からでも中学生からでもOK

小論文と言っても、小中学生の段階では作文の延長的な内容を書くと考えてOKです。現代的には結局のところ、小論文と面接でほとんど受験は決まってしまいます。もちろん、ここまでにご紹介したように、学力がダントツなら受かりますが、枠が少なくなってきています。そこで私が推奨したいのは、小学生から、どんどん文章を書いていくということです。文章を書いたら、可能であれば、誰かに添削してもらいましょう。早めに練習しておけば、時とともに、それなりに成長していきますので、無理なく力をつけることができます。本書でご紹介する併願アプローチで、難関大学を受験する場合は早めに小論文対策に力を入れてもいいでしょう。ゆくゆくは、大学入学共通テストで約8割程度を取得し、東大、京大、一橋、東工大、早慶を小論文、面接、志望理由書などで受験することを考えましょう。慶應文系だけでも6学部程度受験できるのでどこかに合格しやすくなるでしょう。

中学生の時期は感度が高いので哲学書をスタートさせる

中学生になると、早熟な子は哲学書を読むことができるようになります。難解な哲学書をいきなり読ませる必要はありません。最初はとっかかりやすい作品にするとよいでしょう。哲学書を読むメリットは抽象度が高い思考を身につけること、常識を疑うこと、多様な考え方、学問の基礎を身につけることなどです。哲学は思考そのものを扱うので、考える力の基礎となります。人は考える際の前提を疑わなくなると思考力がダウンします。そのため、考える際の前提について考察している哲学は、考える力を育むと言えます。

日本文学も読みやすいものから読む

文学作品も小論文を書く力を高めるという意味でおすすめです。文学作品は直接小論文を書く力を引き上げないという考え方もあると思います。この考え方は合理性を大切にしています。読書についてはよく何を読めばいいですかという質問があります。何を読めば効率よく合格できますかという質問と最初の質問は同じです。文学で育つのは教養です。文学は日常を追体験します。日常の追体験の数が少ない人は、精神面が発達しないのです。言い換えると人生経験に乏しいということになります。若者は不道徳で、年を重ねると、どちらかと言えばましになる理由も同じで、人として恥ずかしい、苦しい、つらいなどの経験を通して人間として成長するためです。そのためどの時代を切り取っても、道徳性の平均値は異なりますが、どの時代も「今の時代の若いものと言ったら……」と中高年の不満があるのです。一方で、読書のない人生では、このような人間的成長が乏しくなるのは言うまでもありません。また、大学にも今の時代は受かりにくくなります。

高校受験は準備体操なので不合格となってグレないこと

高校受験で不合格になった場合、もうダメだ……とか、この方法ではダメなんだ……と思い込む人がいます。そんなことはありません。高校受験と他の受験はかなり異なるので、高校受験の結果を気にしてもあまり意味がありません。加えて、高校がどこかを気にする大人はあまりいないので、中学の段階であそこがいい、ここがいいと言ってみたところで、あまりインパクトがありません。原則として大人は、レベルが高い試験でどうなのかを気にする傾向があります。そのため、高校がどこかを気にしないのです。灘高校と開成高校などは別だと思ってよいと思います。それよりも、現代的には総合型が主流となりつつあるのですから、いつまでも古い時代の学力観にとらわれないことが大切です。もはや学力や勉強力にあまり魅力が感じられない時代となりつつあります。小論文で点数を取れるように、面接で点数を取れるように準備していきましょう。

牛山が教えると税の作文コンクールで入賞し14位に⁉

中学生に小論文を教えるのは早いと考える人もいるかもしれません。私がある東京都の中学生に小論文を教えると、その子は、約1万人中14位となりました。税の作文コンクールで入賞し、表彰されたのです。自分の子の結果に親御さんは非常に喜びました。今までにこんなことはなかったそうです。つまり、突然成績が急上昇したということになります。なぜこんなことができるのでしょうか。きちんとした書き方を教えてもらい、頭の使い方を教えてもらったからです。小論文こそ私は続けることが大切だと思います。私の経験から言いますと、中学生はすぐにおもしろくないと考えて、やめてしまう傾向にあります。小論文の塾は、一気にがんばると大変なので、少しずつ自分の頭で考える訓練を行い、楽しくなくても、続けることを考えてみましょう。続けないともったいないな……という印象があります。親は子供に論文なら東大（学部）より博士のレベルが高いことを教えましょう。東大を目指して論文がダメになる子は多いのです。

中学生の段階で学習の形を作る

中学生の段階で勉強をする力があれば、その後楽です。勉強というのは、勉強のやり方を知っているかどうかが大切で、頭の良さはあまり関係がありません。もっとも成果に直結するのは記憶力なので、記憶力がいい人は、勉強で成果が出やすくなります。記憶力の差は、勉強のやり方でひっくり返すことができます。つまり、どうやれば成果を出すことができるのかについての、問題解決を行うことができれば、頭の良さはほとんど関係ないと言ってもいいでしょう。ところがこの問題解決ができない人がほとんどです。この「勉強のやり方、精神の作り方」のことを本書では「学習の形」と呼ぶことにします。流行の勉強にあれこれ手を出すのではなく、自分なりの「学習の形」を作りましょう。我流はいけません。だいたい難関試験に不合格となります。そこで、きちんと学習のスタイルを作ることが最優先課題です。勉強のやり方に詳しくなりたい人は、拙著『勉強法最強化ＰＲＯＪＥＣＴ』や、『自動記憶勉強法』、『慶應大学絶対合格法』などをお読みください。

覚えることが膨大と悩む医学生とトップ10％医学生

私のかつてのクライアントである生徒さんは、国立医学部に合格し、そこでトップ10％の成績となりました。一方で、私は医学生なので覚えることが膨大で覚え切れませんというお悩みを持つ人がいます。覚えることが膨大だから覚えることができないのではなく、膨大な量を覚える方法を知らないから、覚えられないのです。あるいは、そのための時間がないかどちらかです。時間だけ確保すれば、あとはやるだけなので、覚えることができます。時間を確保した上で、覚える方法を適切にすれば、基本的に学習では困らないと言えます。ただ、その学習の過程は常に楽とは限らないので、途中でイヤになる人がいます。イヤになるのは、覚えられないと思うからです。自分の力で限界を感じた時にイヤになります。コーチをつければよいのです。学んでいないからイヤになるのです。コーチや先生の力をあなどるからイヤになっているだけと言えます。コーチや先生はあなたが難しいと思い込んでいる課題を楽勝で乗り越えることができます。

中学生の段階では小学生でできなかったことを積み上げる

学習の順番ですが、学習スキルを身につける→英語と数学を終わらせる→その他の科目を覚えるという順番で大学受験が終わります。今の時代はこの3つの流れと並行して、小論文、面接などの技術を少しずつ養うということが大切になります。今は何をすればいいのでしょうか？と質問を受けた場合、前記の内容をやっていくという答えになります。要は中学生の段階では、小学生でできなかったことを積み上げればよいということです。また、中学生は中学生の勉強をするというわけではなく、どんどん先取りすべきです。事実、中高一貫校ではそうしているのですから、できないことではありません。勉強は早くやったもの勝ちです。多くの人は難関試験は頭の良さだと思っていますが、現実は早くやったもの勝ちです。もちろん、勉強は苦手なのだ……という人もいるでしょう。その場合、私のような勉強の先生をつけます。つまり凡人が天才を超える方法を教えることができる先生をつけます。最初から多くの人は天才に教えてもらうから、勉強の成績が伸びないのです。この場合（先生できるけど、なんで君できないかなぁ）と言われるのがおちです。

中学生の段階ですでに失敗の予兆が見え始める

中学生くらいになると、もう大人は何も分かっていなくて正しいのは自分……などと、そこそこ考えています。なぜそんな風に考えてしまうのかと言えば、①おけいこ癖がないこと、②冷笑主義的価値観が蔓延していること、③心のすさみです。親・祖父母はこの点を軽く考えるべきではありません。素直さで小論文の点数は９割決まると考えてください（※つまり難関大合格となるかどうかは素直さによる）。多くのケースで親のほうが人生経験が長い分妥当な考えであることが多いと言えます。判断を誤る理由は、前記のような理由が、欲につながるからです。欲とは、よく見られたい、人の上に立ちたい、勝ちたい、などの感情です。この欲を手放した人は、物事をあるがままに認識しやすくなります。つまり人は物事を見たいように見る生き物だということです。自分が勝ちたいので、階級を作り、階級が上なら勝ちというわけです。そのため、専門職になりたいとか、○○になりたいなどと人は考えます。人の欲には限りがないので、塩水でのどを潤すようにもっともっとと考えます。しかし、塩水でのどが潤わないようにずっと満足せず、コンプレックスを抱え、コンプレックスは攻撃性に変わります。先生にも反発するようになります。こうなると成長ができないので不合格となります。

▶第五章◀

新時代受験基準で東京一工早慶に受かる高校生の勉強法

牛山に教えてもらい素直に学び東大一発合格

私が志望理由や記述論文試験対策をサポートして東大に合格した子がいます。日本では東大が最難関というイメージが強いため、東大卒や東大合格者を私がサポートしていることに違和感を持つ人がいます。海外では博士号が最難関であるため、このような考えを持つ人は少ないでしょう。私は大学院で東大院卒の大学教員、東大医学部卒、東大博士課程修了者以上の成績を取りました。大学が上か下かを決めるのではなく、学位のレベルか、あるいは実力で上か下かが決まるのは、（あまりこういうことを書きたくありませんが）世界では常識的です。逆に言えば、上下にこだわる意識が、学ぶ側から素直さを失わせてしまっています。学位レベルではなく、大学ブランドに序列をつける意識が日本では育ちすぎているため、損をする人が続出なのです。また大学ブランド序列だけではなく、学部にまで序列をつけたがる人もおり、その結果日本では、実力がないのにプライドだけ高い人を大量に生み出してしまっています。能力に対する欲を捨て、謙虚に実力を高めようとすることが大切です。親はこの点を教えましょう。

東大卒しか東大受験生を教えることができないという考えの間違いポイント

少し前に東大卒でなければ東大受験生を教える資格がないのではないかという議論があったようです。この点について、ニュース記事では竹中平蔵氏が、「東大は、Harvardからすると、東京にある大学という意味で国際ランキングは30位くらい」と述べ、何を競っているかで教える立場は異なると述べたそうです。この問題のポイントは、竹中氏が述べるように日本人には「学歴信仰」があるということ、試験を困難性で把握する必要性、因果メカニズムの3点です。学歴信仰とは、東大がなんでも1番という概念です。学部以外の試験合格やランキング評価では、東大は良い大学ですが、常に1位というわけではありません。試験を困難性で見た場合、竹中氏も言及していますが、だいたい記憶量で学部は決まります。従って、東大の困難性は記憶量と表現できます。スポーツに例えれば、トライアスロン（泳ぐ、走る、自転車）です。いろいろできてねということです。一方で慶應は小論文で決まってくるのでそもそも種目が異なります。マラソンと１００m走と、トライアスロンではどれが難しいのか?と質問するのがバカげているのと同じことです。また、トライアスロンの優勝を目指すので、マラソン世界一の人に教えてもらうのは違うと考えればそれもおかしいでしょう。つまり、単なる認知バイアスです。同じように慶應を目指す場合でも、私は「慶應法」を目指すのでとか、私は「慶應経済」なので、難しいのですという考えを述べる人は、そうではない人に比べて圧倒的に不合格となるのを約20年間見続けてきました（判断がまずいからです）。因果のメカニズムで言えば、学部受験は記憶でだいたい決まります。近年は小論文になったということです。従って、記憶指導のレベルと、小論文指導のレベルで決まります。記憶指導のレベルは、問題解決が得意で自分が記憶でき、新しいことを考えるのが得意で、発明家であること、小論文のレベルは、研究力やショートエッセイでの強さなどで決まります。つまり、講師のレベルは記憶のプロか、小論文のプロかで決まると言えます。大学の偏差値レベルではありません。学部入試はレベル50、学部卒がレベル１００、修士卒でレベル２００、博士号取得者でレベル１０００が、おおよその目安で、これに対して、本人の素養が関係してくると考えてあまり大きな違いはないと思うほうがいい……という理由はこんなところにもあります。このあたりについて、親がしっかりと教えたご家庭では、ある子が私に教わり慶應に合格した後、世界一と言われるマサチューセッツ工科大学博士課程に進学していました。認識のズレを直してもらえない子は不幸です。親が教えると効果的です。子供はレベル感が分からず落ちています。最後に因果の問題について説明します。小論文の学力向上に影響を与える因子は大学入学共通テストの総合点ではないでしょう。因果関係を雑に考えて判断ミスをする人がいます。

慶應受験生以下の実力で京都大学に合格？

慶應大学受験生以下の実力で京都大学に合格した事例があると言えば、あなたは耳を疑うかもしれません。京都大学は東大の次に難しいのに……と試験の内容も見ずに、思い込む人がいるためです。理由は「大学ブランド序列先入観」です。偏差値と世間評価を鵜呑みにする人がいます。かつて京都大学が経済学部で小論文を用いた入試を行っていました。なぜ小論文の実力がないのに合格できてしまうかと言えば、大学入学共通テストで75％取得した人しか受験できない仕組みになっていたからです。大学入学共通テストで選ぶと小論文の猛者が脱落します。その結果、倍率も低下してしまい、小論文の実力がない人が京都大学を受験するという形になります。こうして慶應大学受験生以下の小論文の実力しかないのに、京都大学に合格したというわけです。大学によって頭の良さや小論文の点が決まっているわけではありません。では何の順番なのかと言えば、実力順だと考えるのがいいでしょう。①実力→②学位レベル→③大学ブランド→④偏差値の順番で、信頼できると考えましょう。そのため、大学では実力を教員が評価します。実力の一つの目安は「点数」と「論文の通過（アクセプト）」です。

高校1年生で3年間計画を立てよう

中学生でも3年間計画を立てることが大切です。高校生でも、3年間計画を立てることが大切です。私は受験生からお願いがあれば一緒に面談などを通じてざっくりとした計画を立てています。計画は何でも立てればいいわけではありません。大事なことは①本書でご紹介した近年的受験の原理原則（総合型選抜対策が重要）に基づく小論文を強化する計画②学習技術を身につける計画（実際に学習技術レベルが向上すること）③学習技術や受験戦略を踏まえている計画であること④最後にもっとも重要性が低い内容としてどの参考書・問題集はどれを使うかです。この4点が大事です。①から④の順番で大切です。つまり、本書でご紹介している総合型選抜攻略アプローチになっていない計画は次の時代（総合型がどんどん主流となりつつある時代）では、あまり良い計画とは言えないでしょう（学力のみで勝負するなら別）。今の時代は勉強詰め込み計画ではなく、おけいこ（謙虚に学ぶ心の養成）計画が大切です。無理のない計画を立てることでプライベートと学習生活の両方を充実させましょう。親・祖父母はこの本を何度も読み直しましょう。

なぜ計画を立てる必要があるのか

計画を立てる理由は締め切りが時間の密度を引き上げるためです。計画がない場合、ダラダラと過ごしてしまい、無為に時間を費やしてしまうということになりがちです。一方で計画がある場合、優先的にやるべきことをやりやすくなります。今日は何をすればいいのかが分かるようになります。帰宅後何をすればいいのかについて分からず、ダラダラ過ごしてしまったことはないでしょうか。ついスマートフォンを開き、ゲームをしたり、SNSや動画を見てしまったことはないでしょうか。無為にダラダラしすぎてしまっている間に、ライバルの受験生はやるべきことをやり、勉強が得意になっているということがあります。すでにご紹介しましたが「スマホ利用3時間（一日）で平均以下の学力研究報告あり」です。多くのケースで、成績の良さは、頭の良さに結びつけられていますが、本当は単にたくさん勉強しているだけです。「勉強していないアピール」をしたり、「努力否定」したり、「良い勉強法など存在しないと力説」するのは、裏を返せばだから私の能力が高いんですと言いたいだけということが少なくありません。勉強し、良い方法を選択し、努力すれば成績は上がります。

小論文の短時間指導で落ちる仕組み

小論文を短時間の指導で終わらせるサービスがあるようです。よくどこにでもあるサービスです。添削時間が短いことを自慢する人もいます。この手のサービスで不合格となる理由は、実質的に実力が上がりにくいと考えられることです。なぜでしょうか。原因は4つほど考えることができます。①教えられていることが間違っていること②教えられるレベルが低いこと③短時間の手抜き的とも考えられる指導であること④点数が下がるケースがあることなどです。この手の指導は受ける側は楽です。例えば、口頭で指導を受ける時5分より3分、3分より1分、1分より10秒のほうが楽です。何もしなくていいのですから、楽です。肉体的にも楽です。また、指導をたくさん受けない、お茶を濁すという意味で精神的にも楽です。言い換えると成長しません。肉体的にも精神的にも楽することだけを選択してしまい、成長に必要な丁寧な指導や、成長に必要な努力を自分から放棄してしまうためです。

無料「体験」が危険

無料体験に申し込むと、落ちやすいと思います。その理由は、無料体験が低品質な指導につながっていることが多いからです。小論文や大学受験の場合、無料体験をするとどうなるでしょうか。無料で体験しているうちに人間関係ができます。教えられている内容がいいのか、品質が高いのか、教えられている側は判断できません。何度も接触するとザイオンス効果と言いますが、人は繰り返し会う人のことを信用するようになります。無料体験をしなければ失敗しなかったものを、無料体験を申し込んだがために、買うはめになってしまうというわけです。高級ホテルのスイートルームは無料体験などしません。なぜか30万円もする高額掃除機（なぜかセールスマンが訪問販売）、原価1万円の屋根工事が３００万円で売られる時、床下換気扇原価３万円が３００万円になる時、無料体験が用意されます。つまりこれは経営的に見れば、成約率が高いセールスステップであり、経営者であれば誰でも知っているようなことです。しかし、このような強烈なセールスは、**顧客の正常な判断を狂わせる**ことが分かっているので良心的な経営者は行いません。住宅販売のあまりよくないセールスマンが夜8時に訪問して、０時まで世間話をして、１時か2時頃に相手が**正常な判断を下せなくなった時に**契約書にはんこをつかせるのも似たような手法と言えます。良心的な経営者は当然やりません。

一方で学習相談については、プロが担当するなら無料相談を申し込むのはありです。「体験」（**良いかどうか分からない**）ではなく「相談」（**良いかどうか分かる**）だからです。

そもそも以下のように品質に天地の差がある場合もあるので気をつけましょう。

▼無料体験↓アルバイトがあなたにあてがわれる（時給ですら８００円）

▼無料相談↓プロがあなたにあてがわれる（例えば博士課程を経た人物）

会って話をするから信用してしまいます。このようなケースでは、業者はとにかく会うことを目的としがちです。話せば話すほど自動的に売れることを業者はよく知っているからです。従って、最初から話さなければよいのです。

しかし、子供がスマホ検索を行い、いつの間にか親が知らないところで話をしているということがあるでしょう。親・祖父母が守ってあげるしかありません。親以外、誰もあなたの子供を助けないからです。

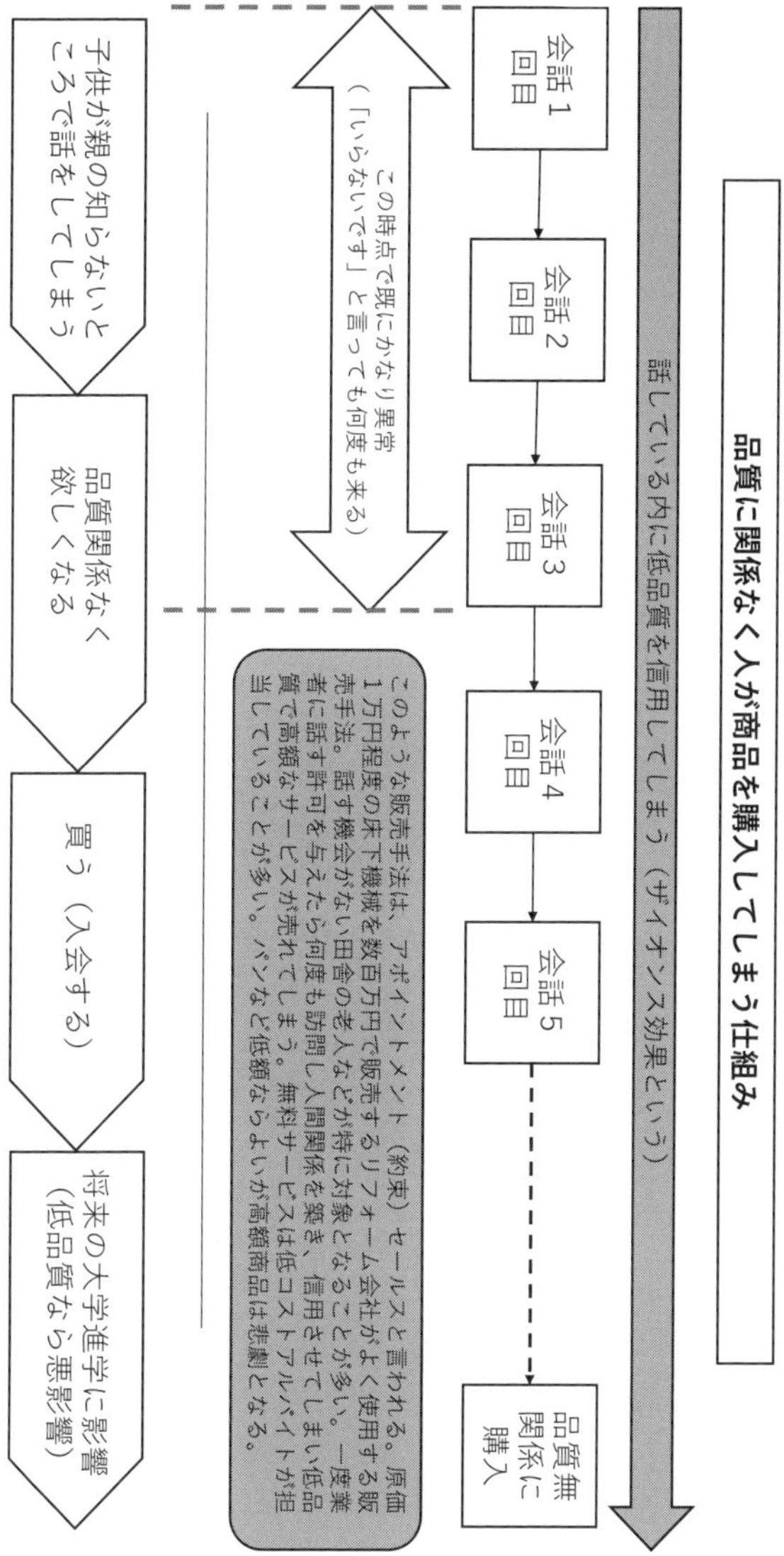
品質に関係なく人が商品を購入してしまう仕組み
話している内に低品質を信用してしまう（ザイオンス効果という）
会話1回目
会話2回目
会話3回目
会話4回目
会話5回目
品質無関係に購入
この時点で既にかなり異常（「いらないです」と言っても何度も来る）
このような販売手法は、アポイントメント（約束）セールスと言われる。原価1万円程度の床下機械を数百万円で販売するリフォーム会社がよく使用する販売手法。話す機会がない田舎の老人などが特に対象となることが多い。一度業者に話す許可を与えたら何度も訪問し人間関係を築き、信用させてしまい低品質で高額なサービスが売れてしまう。無料サービスは低コストアルバイトが担当していることが多い。パンなど低額ならよいが高額商品は悲劇となる。
子供が親の知らないところで話をしてしまう
品質関係なく欲しくなる
買う（入会する）
将来の大学進学に影響（低品質なら悪影響）

「小論文は型にはめれば高得点」など、言いすぎの理論は巷にあふれています。要は、理論と実態のズレ、宣伝と実態のズレがあるということです。ズレ（信じていることと実態のズレ）は以下の内容から生まれます。①理論の間違い②勘違い（指導者の洞察不足）③見せかけの信頼（単に話して信頼できそうと勘違いしただけ）④ウソ（意味がないと知っていた）⑤誠実性の欠如（根本要因）⑥強引さ（何度も会うなど）⑦デメリットは教えないことなどです。従って教育事業者がうまくいっているように見える会社を参考にする場合、だいたい人の道を踏み外すでしょう。

甘汁が吸えるように思える受かる構文に手を出すな？

小論文試験に対する悩み第一位は、時間内に問題を解くことができないというものです。この問題はなぜ発生しているのでしょうか。①精神性②知識不足③思いつくスキル不足④洞察力不足⑤解法が頭に入っていないこと、⑥理解不足などから生まれています。従ってこれらの問題点に対処しない限り、時間不足の問題は解決しません。ところが表層上の問題点に対処すれば、問題は解決するのではないか?と人は考えがちです。そこで多くの人は、手っ取り早く問題を解決する手段として、構文論法を採用してしまうのです。受かる書き方（だと主張されているだけですが）として、手軽なこの順番で書けば受かるという理論を多くの人は欲してしまいます。構文と正規の書き方は別です。論文試験は、正規の書き方で書く必要があります。世界共通の論文の書き方は序論・本論・

結論です。受験業界には、①原因を書く②具体例を書く③反論処理するなど、いろいろな理論があります。受かりそうなイメージがあっても手を出さないことが大切です。

「なるはや」が受験の真実

どの参考書や問題集が受かりやすいのかばかりを気にしている人がいます。なぜでしょうか。問題集にコストパフォーマンス、タイムパフォーマンスの付加価値がついてきたのは、最近の話です。以前はどの問題集がいいかが問題とされることはあっても、この大学ならこれで受かるということがそこまで問題にされることはありませんでした。実際にはライバルがたくさん覚えれば受からないわけですから、言い分に根拠はあまりないと言えるでしょう。つまり受験の真実とは、なるべく早くたくさん終わらせている人が受かる……というだけなのです。ある東大医学生も全く同じことを述べていたそうです。ところがSNS時代・動画時代となり、何か動画で情報発信しなければならないという「宣伝を目的とした事情」が企業側に生まれました。この時にあまり根拠のない大学論、受験論、問題集論が氾濫することになります。

参考書・問題集は戦略から選べ⁉

参考書を大学から選ぶ人がいます。お得なことができていると思いたい気持ちは分かります。この考え方の怖いところは一本釣りのようになることです。つまり、その大学、学部に受からなかったら終わり、もう一年勉強するか、ランクを2つ3つと落とすしかなくなるのが怖いところです。学習・記憶戦略や、受験戦略・併願戦略から問題集を選定すると、受かりやすくなります。このようなことは一般的にあまり気にされていません。志望校からいわゆる「ルート学習」として参考書を選ばないほうがいい理由は①記憶戦略不在②学習技術不在③併願戦略不在にあります。どの大学がよいか、どの参考書・問題集がよいかだけを気にする理由は、そうすることが受かりやすいという思い込みにすぎないと言えるでしょう。現実には、実力を上げてアタックする回数が多いほうが受かります。確率計算を『慶應大学絶対合格法』などに書きました。また記憶アプローチに工夫がないのも問題です。血のにじむ努力で学力を上げて東大を目指して1%で合格と、楽に進めて9割方東大一工早慶のどこかに受かるのでは、後者のほうがよいという人には「慶大中心化アプローチ（慶大の一般入試に受かる力を早めにつけつつ併願する）」がお勧めですというのが本書の主張です。

できればなるべく早く牛山が書いた本を読んだほうがいい理由とは

手前みそですが、私はなるべく早く（できれば中学生）から牛山が書いた本をすべて読むほうがいいと考えています。その理由は、牛山が記憶と小論文のプロだからです。今の時代、試験は小論文と記憶のバランス型になっています。どちらかが強いだけでは受かりにくい時代となってきました。そこで学生は、小論文を主体として、英語を得意科目にする必要がある時代となったのです。数学はできたほうがいいのですが、最悪文系を受験するなら、数学は必ずしも必要ではありません。牛山は記憶専門の塾を日本で初めて作った人物です。また牛山は小論文指導の開拓者です。日本で最初にフレームワーク思考やピラミッドストラクチャーを小論文に持ち込み、9割程度（正確には85点でした。2時間で約６０００文字手書きで書きました）博士課程レベルの難しさの試験で小論文の点数を取れる講師として活動しています。今の時代他の大学も入試が慶應化（小論文主体となるという意味）しています。慶應進学専門塾を運営する牛山の本が今の時代は大切になってきています。

研究力しか受験に関係しない時代の到来？

多くの人は未だに昭和時代の受験対策をしています。今は時代も新しくなり、推薦や総合型で合格する時代です。このような時代では、○○大学推薦だとか、ＦＩＴ入試だとか、総合型選抜など、いろいろな呼び方で、様々な入試が語られることがあります。このような名前に惑わされないでください。すべて研究力があれば合格で研究力がなければ不合格と言っても過言ではありません。このあたりの事情を暴露した本が、『総合型選抜（ＡＯ入試）・学校推薦型選抜は研究力が９割』（エール出版社）という本なのです。今のところこの辺りの事情を詳しく書いた本はないので必読だと思います。小論文は、論文試験なので研究力の一部です。論文を書く背景には、研究技術の問題があります。博士号は、専門知識ではなく、研究力のライセンスという考え方があります。研究スキルが高いことの一つの証明ということです。志望理由書も、添付資料も同様です。研究機関に提出する書面を研究のプロが見て評価しているので、研究力がないと、どこがまずいのかがそもそもわからないのです。従って大学受験も研究力がある先生について学ぶ時代が到来しています。

以下の問題はいかに大学教員が研究的な視点を大切にしているかを理解するには良い内容であるため、２０２４年度慶應大学経済学部の問題を紹介します。

〈２０２４年慶應大学経済学部問題〉

社会科学者が下線(ア)のような読書傾向を有する理由について考え、説明しなさい。そのうえで、仮にあなたが社会科学者で、歴史上や現代の出来事を研究対象とする場合、どのような問いを、どのように立て、どのように検証していくあるいは探っていくと考えられますか。具体的な問いを一つ挙げながら、課題文に則してあなたの考えを４００字以内で記しなさい。

今回は単なるご紹介なので、資料はないわけですが、あなたならこの問題について、どのような内容を書きますか。例えば、大学教員が教授会において合意形成した内容が仮にあったとして、「これこれが出題の趣旨です。」と述べようと、述べまいと、どちらにしても大学においては、大切にされている考え方があります。人が「この研究は評価できる」とか、「評価できない」と述べる時、暗黙的に大切にしている内容があります。従って大切なことは、教条主義的に今回の問題の場合何が正解の答えなのかと考えることではありません。このような正解主義的な正解信仰とも呼べるような考え方は、小論文試験に弱くなるので注意しましょう（その一つの理由は、研究活動は、**新しい知識の発見活動**であり、既存の内容の暗記ではないことです）。従って新しい「知識発見活動に必要な諸能力」が、仮に過去問題が本試験で出題されても、合否に大きく影響します。

〈牛山の解答例〉

課題文では、社会科学は次の時代の仕事に完全に吸収されず、自然科学は進歩の形として一時代の知識が次の時代の知識に含まれると述べられている。その理由について著者は、哲学や文学については、古典が現代でも生きている点を指摘した。同様に、例えばバーナードの組織論（『経営者の役割』）など古典的な名著の中には、現代的な学問領域の系譜において未解明の議論が多数存在し、体系的なレビューが必要なことがある。仮に私が現代の出来事を研究対象とする場合、私は先行研究で未解明の論題でかつ、それらの中でも実務上、学問的価値上重要であると考えられるテーマを先行研究から導出する。その上で、定量研究を行う場合、尺度開発を行うか、内的妥当性などを検証的に調査された尺度を用いて、データを取得し、解析作業を行う。考えられる問いは、例えば組織市民行動に影響を与える組織能力とは何かなどである。

ここでご紹介したように、一般入試の小論文すら研究力で学生を選抜しようとしています。無論今回の問題は、研究スキルの到達点を評価することが趣旨ではないと考えられますが、そうであったとしても、「学生の思考力があるかどうかを判別する一つのやり方が研究力の素地があるかどうかを見ること」である良い事例だと思います。東京大学ではどうか、京都大学ではどうかと言えば、事情は同じです。このような事情を知らずして、あるいは勘違いをして、「この指導は良い、この指導は悪い、この文章は良い、この文章は悪い、この塾は良い、この教育は良い、あれは悪い」などと言ってみることに、意味がないとも言えます。また、高い難易度の試験で高い点数を取得することができない人の意見も参考にしてはいけません。オンライン上にある約99％の小論文に関する、あるいは総合型選抜などに関する意見は、これらの人物によって構成されているでしょう。（少なくとも90％以上）ところが現状では私以外にこのようなこと（研究力が9割）を述べる人がいなかったので、「この構文で受かりますか」「どの本を読めば受かりますか」「受かるネタは何ですか」など、およそ合格とは無縁の、あるいは有害的な考えでいっぱいになった学生が、それらの合格理論を信じて、受からない作業を山ほどやり、頭がよく優秀なのに不合格になっています。今回の問題を見ても分かるように、総合型選抜は一般入試対策となり、一般入試対策は総合型選抜となります。従って、私が本書で述べる「慶應中心化戦略アプローチ」で、総合型などを一緒に受けるべきという主張は、大変効果的であると考えられます。

ところが多くの人は、総合型は一緒にやらないほうがいいと思う、総合型で研究力は関係ないと思う、などと考え、今回のように、総合型対策をしており、研究力を磨いておけば慶應経済に一発で楽勝合格できたようなケースを見逃してしまいます。確率で考えず、漠然と考えていると、物事の判断が狂います。

大事なことは、テーマで考えないことです。テーマで考えて「研究」というキーワードが出たら、研究が試されているわけではありません。その場合（今回の２０２４年経済などのケース）は単に露骨であっただけです。研究という概念が小論文や総合型で出ようと出まいと、大学という場所はそもそも、研究力で人が評価されるところであり、「なんとなくすごい感じ」でもなければ「数学の偏差値75」でもなければ「有名学校出身」でもなければ、「英語がちょっと得意（例えば英検準

1級や1級など）」でもないということです。ましてや、医師でもなければ、弁護士でも会計士でもありません。大学においては、弁護士や医師は、大学教授より、知見などが低い水準（下手をすると入門的あるいは、非専門的）にあると考えられてしまう可能性（念のために言えば私の意見ではなく、大学という場所で広く適用されがちな考え方）も理解しておく必要があるでしょう。会社を上場させている人よりも経営学の論文を多く書いている人が評価される、弁護士と医師は、実務家であり、例外を除き研究職ではないので、何を考えることができる人なのかが、大学においては不明瞭となり得るということです。多くの若い受験生は、大学名や世間評価を漠然と（高いレベルで考え研究を漠然と軽んじますが、世間基準の漠然とした（すごい感）ではなく、大学では研究が重視されており、研究という概念が、特に研究大学では、その人物のレベルが高いことの象徴と言えます（このような傾向が良いかどうかは別として）。

もっと言えば、小論文試験や総合型選抜に通底する考え方が研究力であるということです。研究力で評価されるのであるから、文章も小論文も、提出書類も、すべて研究的視点で評価される傾向があり、どの大学でも、例外はほぼなく、上位概念的能力（小論文能力の上位的位置づけの能力という意味）が研究力ということです。表面的に「研究」が問われなくても、同じことです。ここが分かっていない若い学生はいつまで経っても小論文が伸びません。なぜかと言えば若い彼らの漠然とした（すごい）という感覚が、難関大、国立、弁護士、医師だからです。それらの「漠然としたすごい感」は、論文執筆の際に役立たない、つまり、小論文試験でも役立たないと理解する必要があります。また、このような「漠然としたすごい感」を持つ人は、総合型選抜でも、的外れな対策をしてしまいます。暗記力ではなく、思考力に、現代的な評価基準が移りつつあることを深く認識しましょう。覚えた人がすごいのではなく、思考できる人がすごいに変わりつつあるということです。その意味で、無名大学から有名大学の大学院に行く人は、ズルなどという考えが時折日本にはありますが、時代遅れであり、かつ、グローバル基準ではなく（つまり日本だけということ）、現代の大学入試にも対応できないという3拍子揃った妥当性の低い考え方と言えるでしょう。むしろ海外では、有名大学の大学院だけが大学であり、博士課程に進学でき、学位取得することが高く評価されます。そこまで到達できた人と到達できなかった人という考えがあるからです。

別の言い方をすれば、親が子供に教育すべきピンポイントの教育指導とはこの点です。研究力で決まっているのだから、学力や出身校、自分の能力への自負、蓄えた英語力、数学が学友より得意なこと、大学入学共通テストでの点数の高さ、志望校の世間評価、学術ランキング、大学のランクなど、すべて無視して、研究力が高い先生に、謙虚に素直に学びなさいということを親が指導すれば、子供は難なく大学受験において、成功しやすくなるでしょう。

総合型選抜を受け、一般入試も受けましょう。その時に大切なのは研究力です。それぞれの対策が相乗効果となり、どちらも受かりやすくなります。ほとんどの人は、レーザービームのような焦点化が行われておらず、やることがあいまいでかつ場当たり的に総合型をやってみたり、一般入試をやってみたりします。そのため突破力がなくなり、どちらも受かりにくい状況となる上に、両方受験しないのでチャレンジ回数が減少し、合格率も下がります。東京一工などの最難関に受かることもなければ、早慶も受かりにくくなり、かといって、突破力がないので、関関同立マーチも危うい……となりがちです。同じ能力であっても、戦略的に受験を行い、学習計画を若い時から組めば、やるべきことが本質的となり、歯車がかみあうようになり、対策が空回りせず、焦点化されているので突破力が生まれます。本書で提唱する慶應中心化戦略により、慶應大学に安全に合格する力をつけつつ、早稲田、東大、京大、一橋、東工大などにも合格しましょう。

【コラム：情報弱者論と重ねて理解したい技術的弱者論―コンテンツと学識の違い】

近年情報環境が大きく変わることにより、ネット情報にアクセスできない人、しない人と、ネット環境にアクセスする人では、情報格差が生まれているという考え方があります。この考え方は間違いではありませんが、この考え（自分は有利に決まっているという勘違い）で落ちる人が大変多いのです。定量研究では、ご紹介した通りですが、スマホを利用するほど、学力が下がり、（特に数学）一日に2時間以上の利用で、真ん中以上の学力になっていない、3時間以上使用している人は、まるで努力が帳消しになるかのように、ほぼ勉強していない人と変わらない学力になっているようです。また、なぜかスマホ利用で前頭前野が弱くなり、判断力が落ちるという報告があり、小さなメリットの総和が帳消しになるという海外のデジタルデトックス提唱者の意見はそこまで間違っていないのかもしれません。一般的な情報弱者の定義の裏には、情報に価値があるという「情報信仰」

や、すべての学びは情報にすぎないという「コンテンツ信仰」があります。コンテンツ信仰が見逃している盲点は、研究技術水準です。大学は単なる情報の集まりなので、スマホ時代に意味はないと言う人は、コンテンツだけあって自分で研究できないので、批判だけすることになります。情報信仰が見落としている盲点は、「物事を見抜き、人より深く理解し、より上質に考え、場合によっては戦略軸を設計する考える力」です。情報だけあって考えることができない場合、情報の活用力が下がります。私が博士課程で学び、1対1で先生から学びを得続けてきた末の感想は、（これだけ情報化社会になっても、ちっとも学術の指導は、オンラインに反映されないのだな）というものです。情報はたくさんあるので、そんなわけはないと考える人もいるかもしれません。なぜそうなってしまうのでしょうか。一つには、オンラインの情報が、「よそゆき的すぎる」ということかもしれません。先生に従い学んだほうがいい理由の一つはここにあります。よく人は外出する時、部屋着から、外出用の服に着替えます。だらしない服装よりも、よく見える服装のほうがいいのでという理由もあれば、おしゃれを楽しむ意図もあるでしょう。オンライン上にあるコンテンツというのは、多くのケースで、現実世界とは分断された、万人受けする情報価値、言い換えれば、理解を深めていく必要がない領域の明確すぎるくらいに明確な、（もっと言えば、人生において、決定的に重要とはならない類のコンテンツの集積、あるいは、確認の必要すらないような明白性が高い現実そのまま、理解する必要性がそもそも薄い情報など）薄っぺらい情報が集まっています。この対策となるのが書籍という領域です。従って学術的価値という観点では、論文重視・書籍軽視という関係性が一般的ですが、人生においては書籍重視となりかねないということです。あなたが人生で何を信じるかは、多分に読んだ書籍によって決まっているとも言えます。ここまでの内容から、合理的に成功する方法を紹介します。

〈オンライン情報で判断が狂い受験に失敗するのを防ぐ方法〉

▼①ネットで先生を探す。

▼②先生の本を読む。

▼③先生だけから学びネット情報を参考にしない。

もう一度念押ししますが、点数を取ることができない人、合格できない人の意見を参考にすべきではありません。そうすることで大きく失敗する可能性が上がるでしょう。

今回の慶應経済2024年の問題の中に少しヒントがあるかもしれません。学術の体系や、学問的考え方、学術的評価、学術的作法、科学の要諦、教養の真実、評価の本質、世界基準の考え方、研究の実態、論文執筆について、400ページある書籍で書かれた論文執筆に関する内容で触れられない考え方、論文の記述内容の是非に関する抽象度を引き上げた評価・修正ポイントなど（もうこれ以上書きませんが）は、結局暗黙的にそれとなく、1対1の場で、伝えられており、あけすけにオンライン情報になったりはしません（すればいいじゃないかと思う人もいるかもしれませんが、ちょっと難しいと思います）。

東工大では、博士課程の学生はゼミや1対1の指導、学会発表、国際会議参加、Q1ジャーナル掲載などの経験を通じて、少しずつ研究や学問についての上級レベルの理解を深めていきます。博士課程において、教養教育を受けた時、私は数か国の博士課程院生（学部生ではない最高水準の学びに達しようとした人であり、学部受験生が毎年50万人以上いるのに対して、日本では毎年わずか1万人程度しか受験生が存在しない。）と国際的に交流し、世界学術ランキングトップ工学系約10位程度の大学で、少しずつ学びました。（※世界には約２３０００の大学が存在すると言われている。）若い学生がよく失敗する原因は東大や京大の学部がすごいというイメージが強いため、学部ランキングヒエラルキーで物事を見てしまうことです。東大も京大もどちらもよい大学ですが、例えば北京大学と清華大学ではどちらがいい大学なのかと問われれば、あなたはどちらを選ぶでしょうか。多くの人は何が違うのかよく分からない……だと思います。あなたがこだわっている大学名や学部もこれと似ています。私たちが北京大学と清華大学の学部生について持つ印象は、おそらくは、勉強をがんばった人・若くて優秀な人というものでしょう。一方で、博士課程でよい大学だと、この人そこそこやるんだなと思います。Stanford の博士、ＭＩＴの博士、北京大学の博士などの場合、研究ができる人なんだろうな、あるいは、高めの知性という印象があります。出身小学校がどこかは気になりません。出身中学も高校も同じです。博士課程まで行くと、出身大学も気になりません。修士課程もほぼ気になりません。京大卒などだと、勉強をがんばった人なのかな、頭が切れるのかなと思います。今何の研究をしており、どんな論文を書いて、どこにパスしているのだろうということが関心事項です。例えばカーネギーメロン大学で博士号取得とあれば、ほとんどの人がここに到達しないのに到達したんだ……知性が高い先生だなと思います。能力が高いということもあるかもしれませんが、それと同時に実力が高いとみなされるということです。ハーバード卒であれば、能力は高めなのかなと思いますが、実力が高いとは多くのケースでならないでしょう。あくまでも研究的視点です。海外では、学部のことをアンダーグラデュエイトと言います。日本と世界は真逆です（学部生が博士課程の学生の学費を全額支払う構図にあるため）。一般の人は、博士課程の過酷さを知らないので、なめています。研究者は一読してその人の研究力や知性を把握できるので、博士課程でよい大学にいることを評価することがあります。ここでも評価は真逆です。（この論文で通っちゃうんだ）など、一度は、研究者は思ったことがあるでしょう。一般の人は知らないのでこのあたりの事情が分かりません。何が起こっているのかと言えば、研究水準で力量が見られているということです。どの程度の知性なのかについては、「論文見せろ」と思われてしまっているということです。見れば分かるからです。ですから本当に海外では評価軸が逆であり、日本も今後そうなる可能性があります。

東大卒や京大卒の頭の回転の速さや、記憶力の良さなどを否定しているわけではありません。ここでは今の時代に子供が小論文や総合型選抜で失敗しないための重要な考え方をお伝えしています。今の子は、自分が謙虚に学ばなければならない状態にあることを根本的に理解できていないことで落ちています。言い換えると能力と実力の混同です。能力が高ければ実力も高いという信念が、

近年ほとんどの18歳程度の学生に生じています。この信念が形成されると、何も学ばなくなるので、慶應大学や総合型選抜は、半分あきらめてください。それくらい、誰からも何も学べなくなります。したがって親がこの点を教えましょう。なるべく小さい時から、短時間でもよいのでおけいこをしましょう。

結局のところ、大学受験生が大学に提出する志望理由書や自己推薦書、小論文、研究計画書は、これらの技術水準的見地から、総合的に判断した上で、何がよく、何がよくないのかについての判断が加えられてしまいます。詳しい理由は拙著『総合型選抜（ＡＯ入試）・学校推薦型選抜は研究力が９割』を読んでもらうのがいいでしょう。けっして、学生がよく気にしている細目的な「ここは１マス空けるのが正解なのですか」というような質問の延長線上にある論文指導マニュアル的なものではありません。この意味で、学生が先入観として持っている「スマホ利用者有利説」も「情報強者説」も「東京有利説」（範囲が狭すぎると思います。）も、「大学は単なるコンテンツ論」も、妥当ではありません。よそゆき情報で学びがなく、表面的理解で勘違いを起こし、あるいは有害的情報による間違った理解で損をし、体験がないので判断ができない……このような事情があるから、若い学生が勘違いを起こす際に、親が勘違いを修正する必要があるでしょう。親も一緒に勘違いをしている場合、かわいそうですが、お子様を助ける人は誰もいなくなりそうです。親は子供にとって、最後の砦と言えます。

現実には、「研究力が高いことが有利説」「問題解決力及び発明力が高い先生についた人有利説」「小論文で点数をたたき出せる先生について学んだ人有利説」の妥当性が高いということになるでしょう。

若い学生が、謙虚に学ばなければならない理由は、自分の能力が優れているので判断力が高いという漠然とした考えや、他者は原則としてバカばかりなのだという「論理的でもなければ、根拠もない考え」の要因になっていそうな認知バイアスが、だいたい力を有していないことにあります。この考えに強く染まりダメになってしまうことをいかにして防ぐかが、現代的な子供の教育の最優先事項です。なぜなら、素直さですべて決まるからです。

謙虚に考え、謙虚に学んでいきましょう。

【まとめ】

▼古い≒正解思考（正解主義）≒丸暗記教育（暗記主義）≒暗記リーチ度優先≒日本のみ≒誰が教えても同じ（教える人のレベルは、問題を解くレベルで対応できればよいため無関係）

▼新しい≒学問思考（思考主義）≒研究力教育（思考主義）≒研究レベルリーチ度優先≒世界基準≒高いレベルの指導が重要（教える人のレベルはなるべく高いレベルで書類を作るために高い方がよい）

ユーチューブの過去問題解説に意味はあるのか？

ユーチューブは無料メディアなので誰でも動画をアップロードできます。そのため、研究力がない人、学部卒の人、複数学部受験してそもそも落ちた人、小論文に詳しくない人、教育経験が薄い人などの解説動画がアップロードされがちです。これらの動画では、長いものでは数時間にわたり過去問解説が行われることがあるようです。しかも、その際に模範解答として配られる文章は、動画で解説をしている本人が書いたものではなく、どこかに発注して作られたものであることがあるようです。解答と授業の内容を一致させるために、点数を取ることができない構文を無理矢理使用して、解答例を作っていることもあるようです。気をつけましょう（※解答例の中では、ある構文が使用されており、まるで構文を使用すれば、合格答案ができるかのような錯覚を与える仕様が時にあるようですが気をつけましょう）。本来であれば、どう問題を解けばいいのかを説明するだけなので、3分でもいいくらいなのです。解説していれば誰の解説でもいいのだ……などとは考えないようにしましょう。講師が何点取得できるかが重要です。

手本の条件（模範解答？の条件とはなにか？）

「赤本にこう書いてあります」という発言を耳にすることがあります。赤本の解答は、単なる解答例であり、受かりやすいわけではありません。何十年も昔から受験生が参考にしてきただけであり、その意味では時代遅れ的かもしれません。その理由をご説明します。効果的な練習にするためにはいくつかの条件があり、その一つが手本の内容です。手本は練習目標にもなるので、手本はなんでもいいわけではありません。

▼条件１：不適当な構文を使用していない。（原因論法、譲歩構文など）
▼条件２：点数を取りやすい論文構成である。
▼条件３：単にいかめしく見せてレベル感をアピールするものではない（いかめしいことと単に正確かつ適切な表現はそもそも別なので注意が必要）。
▼条件４：その場しのぎの（とりあえずやってみた）ではない。※筑波大学名誉教授はこのような解答例を否定的に見ています。
▼条件５：小論文試験で点数を取ることができた人が執筆している。
▼条件６：実名入りで、誰が書いたのか分かる（安価に発注されたいい加減なもので勉強すると手本にならない）。
▼条件７：慶應大学で最も小論文の配点が高いＳＦＣに一発でダブル合格した講師が解説している（この点については、賛否両論あるかもしれませんが、ラッキーでの合格の場合、実力があるのかどうかが不明瞭ですので牛山は大切だと考えます）。

※特に条件1のおかしな構文を使用していないという点は重要であり、生命線となります。

評価の条件（小論文の点数を分析用にする条件）

学校で小論文を教えてもらっているので、自分の実力チェックはできていると勘違いしている人がいます。評価には条件があります。

▼レベルが高い人の評価であること（分析用に利用できる。今どこまで学習が進んでおり、大丈夫かどうかについての判断はレベルが高い人でなければできない。）

▼根拠があること（ダメなのでダメなどという評価や、根拠に論理性がない評価は単なる文句であり、気にする必要はないとレオナルド・ダ・ヴィンチも述べている。）

▼モラルレベル（小さなことは気にしない器の大きさ、過去のことは水に流せる器の大きさ、感情論を評価に持ち込まない器の大きさなどが評価者には必要。この器の大きさがない人は、いつまでも執拗にうらみ晴らしを行う。）

モラルは重要ではないと考える人もいますが、あなたが評価される側にまわる時は、評価者の高潔さが成長のために重要となります。人格と実力がともに優れていることが成長のための評価に重要です。

急がば回れ？

近年参考書や問題集の選択により、得しようという考えが流行っています。あまりおすすめできません。その理由は、結局リスクが上がり弱い受験生となるからです。コストパフォーマンスを求めることはできますが、その分リスクが上がります。リスクが上がってもいいので、なんとか間に合わせたいという場合は、それでもいいのですが、最初からコストパフォーマンスだけを意識すると、学力はあまり上がりません。合格できてしまえばいいな……という考えは分かります。急がば回れという言葉があります。この考え方は、急いでいるからこそ、回り道ということであり、そのようにしたほうが結局は速いことが多いということです。勉強についても似たようなことが言えます。少し多めに勉強して併願すれば、本書でご紹介している受験アプローチで受験ができます。その場合、さっさと合格してしまい、一般入試をなしにすることもできれば、浪人してもう一年勉強……ということもなくなるでしょう。この場合、がんばったので最短で済んだということになります。

ＭＢＡコースの内容がなぜあなたの受験に役立つのか

ＭＢＡとは経営学修士の学位のことです。先生がＭＢＡの学位を持っていると、小論文の強化に役立ちます。なぜでしょうか。その理由は、論理思考の精度、問題解決学にあります。私が通った大学院はＢＢＴ大学院という大学です。この大学は、世界一と言われるマッキンゼー社の社長であった大前研一氏が運営する大学院でした。マッキンゼーと言えば、ハーバードやＭＩＴの博士号を持っていても就職できるとは限らない狭き門です。世界トップ５００社から以来を受けて戦略を立案するわけですから、そこには優れた教育プログラムがあるのでしょう。私が大学院で学んだ時、ＢＢＴ大学院の特性として、このマッキンゼー社のコンサルタントなどが先生をしていました。従って、マッキンゼー社のコンサルタント養成プログラムのような講義がたくさんあったのです。現代的な小論文は問題解決を求められることが少なくありません。問題解決学に基づく手堅い思考術を学んだ私は、小論文の実力も大きく高めることができました。私は塾で問題解決思考を教えています。正直私はＢＢＴ大学院が世界のＭＢＡのトップスクールだと考えています。世界一と言われるマッキンゼー社のトップだった人が教えているからです。

なぜ講師が博士課程に進学していることが大切なのか？

小論文指導に関して、講師が博士課程に進学していることが極めて大切だと私は思います。なぜならば、修士課程までで求められる要求水準と、博士課程で求められる要求水準がまったく異なるからです（博士のほうが圧倒的に高い）。論文を書く際に大切なことは、何が大事で何が大事ではないかです。評価ポイントと、評価が下がるポイントをしっかりと深く理解しておくことが大切です。この点について、博士課程は、かなり厳しい水準で文章を見られるので、理解が深まる場所と言えます。修士課程までは、一般的に相当ダメな論文を書いても修士号を出さないということはありません。一方で文系の博士課程では、適当な論文だとまず博士号は出ません。日本においては必ずしも博士号の有無は問題とされないこともある理由は、その審査が厳しいからという考えもあるようです。多くの博士課程の学生は、厳しい審査に耐えるために、かなり細かく論文の作法やマナー、技術や知識を学びます。そのため、博士課程は論文を書く技術が大きく向上します。

先生ではなく師匠をつけるとうまくいくとは？

知識を身につける場合、先生をつければOKです。一方で技術を向上させる場合、単に知識を学ぶだけだと、なかなか技術が向上しません。物事に対する考え方や、態度、心構えをセットで学ぶことができれば、技術は大きく向上します。従って、今の時代に子・孫につけるべきは、コーチ、コンサルタント、先生よりも、師匠と言えます。学び方のコツは、「丸ごと」です。多くの人は、断片的な方法を教えてもらい、スマホで情報をつまみぐいすると得できると錯覚しています。しかし、オンラインの情報は、皮相的かつ断片的なので、真偽が確かな情報はともかく、理論的な内容や技術的な内容は、素人がアップしていることが少なくありません。「小論文など院卒であることが大切な領域ではほとんどの情報に危険性はある」と表現することもできるでしょう。そのため、結局スマホで判断すればいいと考える人は、小論文試験で損をするのです。師匠から教えてもらった内容は、自分の理解が常に不十分であることを恐れながら、一つずつ丸ごとすべて吸収していく姿勢が急成長の秘訣です。

点数・モラルレベル・問題解決能力の3つが指導者の基準

指導者の選び方が大切です。本書でご紹介している通り、現代的には、総合型などを使用する場合、小論文に強い講師を先生につけるべきでしょう。この際に、大事なことが3つあります。講師が点数をたたき出せること、講師のモラルレベルが高いこと、講師の問題解決能力が高いことの3点です。まず、意外に思われるかもしれませんが、点数をたたき出せない講師はたくさんいます。修士までは、論文の力はほぼ要求されません。学部の入試も論文は簡単です。次に、講師のモラルレベルが高くなければなりません。合格は塾のためと考える事業者は、適当に合格させればいい（サポートの品質は低くてもとりあえず満足させて続けさせればよいと考えてそのための理屈をたくさん作る）と考えてしまいます。合格率が下がっても、たくさん集客できて事業を続ければよいというように、塾の売り上げに最適化した理論を構築して小論文などを教えてしまいます。このような場合、受講生は不幸です。３つめは、教える先生が教育プログラムを組むことができることです。読解力を上げなければならない、時間不足を解消しなければならない、発想力を身につけさせなければならない、という具合に多くの課題があります。どう教育プログラムを組めばいいのかを洞察できない先生はうまく教えることができません。

ノウハウだけでは合格できない？

技術は、方法論×状態論（精神状態）で決まります。どんなに優れていても精神がダメなら何も入りません。方法が良くても、なぜ状態がダメなら成長しないのでしょうか。理由は①素直に学ばない、②パフォーマンスが状態から生まれている③努力できないの3つです。素直に学ばない人は、教えても「違うと思います。」と言うので何一つ前進できません。パフォーマンスが状態から生まれているとは、精神状態、態度、心構えで、文章はうまくなるということです。書けないのは考えることができないからです。推論能力は、自分が有能だと考えると下がります。努力できないというのは文字通りそのままで、精神的な契約を結ばない人は決断できないので、何もしません。努力したくない、めんどうくさい、動きたくない、というわけで、何一つものにならないし、試験会場でも時間が不足します。脳の感性面を使用しない人は、脳内の情報量が、極度に制限されるのでイメージで言えば10分の1も力を発揮できないのです。心を制御できると判断力が向上します。要は頭がよくなるということです。

足りない実力を補うためのスキルリスト

小論文の実力はどのように高めていけばいいでしょうか？というご質問があります。小論文の実力を高めるためには、以下のような能力が必要です。**①小論文の解法（点数を取ることができるもの）②アカデミックライティング（いわゆる論文の書き方）③問題発見思考④問題解決思考⑤クリティカルシンキング⑥発想の技術⑦読解力⑧知識の暗記⑨重要な図書の理解（読んで理解して説明できるようにしておく）⑩作図法の理解（慶應SFCなどでは必須）⑪プレゼンテーションの技術⑫ゼロベース思考⑬ロジカルシンキング⑭人間心理を踏まえた文章技術などです。**これらに加えて速読ができるとなおよいでしょう。こうやって見てみると直前の時期にほんの少しだけ勉強するという作戦は比較的リスクが高いと言えます。小論文を実際に書いてみて提出し、これらの指導を受けると効率よく学んでいくことができるでしょう。私が運営する塾では1～2年でこれらの内容をすっかり学んでもらいます（数百本の授業があります）。

足りない精神性を補う

方法論とともに大切なのは状態です。①自分には無理だと考えない②楽をしようと考えない③自主的に考え流されない④現状に満足しない⑤享楽的に考えない⑥怒らない⑦積極的に知らないでおこうと思わない（他者に無関心であろうとしない）⑧判断したいという欲を捨てる（あるがままに物事を見る）⑨利他的である⑩物事に感謝する⑪目上の人と話す時にはきちんとするように心がける⑫素直・謙虚である⑬積極的に自分を変える、などが大事なポイントとなります。精神的な状態をどのように整えるかは、言葉にしにくい領域と言えます。そのため、分からない時は、積極的に質問をすることも大切です。そもそも、理解が難しい領域でもあるので、達人に精神面の状態・扱い方を聞く必要があるとも言えます。授業で学び、時にはレッスンを受けましょう。もっと「具体的に教えてください。」という人がいます。落ちやすい人です。この言葉は「僕は何もしたくないです。」「先生が悪いです。」の言い換えです。私は先生にこんな事を言ったことは一度もありません。「ハイ。」で終わりです。自分で考えて自分でやるからです。やり切ったモノもダメなら先生が必要な事を教えてくれます。先生がそれ以上言わなかったなら、必要ないからなのです。「やりなさい」と言われた事をやる人が伸びます。文句だけ一人前でやるべき事をやらない人がどうして成果を出せるでしょうか。出せるわけがありません。甘えを取ることが必要です。先生があえて具体的に教えない時、大きく2つの意味があります。一つは抽象的に捉えているほうがいいケースであることです。もう一つは、自分で調べて理解していくべきことであるケースです。あえて具体的に教えないことが間違っているのだと、点数が低い状態で考える人が伸びません。

塾を買いあさる人が落ちる理由とは？

塾を頻繁に変える人がいます。もともとよい指導ではない場合はかまいません。しかし、問題は、指導のよしあしをそもそも初学者は判断できないことです。結果が出ない原因は2つしかありません。良い指導者にめぐりあえなかったか、その指導者の言うことを素直にきかなかったかです。そしてここからが大事なことですが、良い指導者はよりどりみどりではありません。全体の1％もおらず、0.1％くらいかもしれません。そうなると、良い指導者から指導を受けなかったら終わり……と言えば言い過ぎですが、もう受験は半分あきらめてもいいくらいなのです。このような事情は、決して大げさではないと思います。塾を変えても点数が下がる指導をされるリスクがあります。筑波大学の名誉教授は95％の小論文の本はダメという趣旨の発言をしています。だから良い先生を変えることはかなり危険……と表現可能なのです。

指導の一本化・塾の一本化

私がいくら教えて点数を引き上げても、他の塾にも通っている場合、点数が落ちることがあります。一方の先生が点数を上げて、一方の先生が点数を引き下げるというのはどういうことでしょうか。どちらかの指導が間違っているのです。基本的に多くの指導を受けるとかなり高い確率でこのようになってしまうでしょう。なぜならば、本書でもご説明したように、そもそも、良質な指導を行うことができる小論文講師は少ない上に、間違った指導が氾濫しているためです。従って原則として指導を一本化することが大切です。塾はたくさん買っても足し算のようにはなりません。頭が混乱するのがおちです。（あちらの先生はこれでいいと言ったのに）などと最後は自分に甘くなります。基本的に人は自分を変えたくなく、反省したくないので、指摘を受けた時、先生が間違っているということにしたがります。そうすれば自分は変わらなくていいのでどんどん自分に甘くなります。自分に甘くなると、自分を変えないので自分が1ミリも成長しないということになります。そして不合格になります。

大量練習をして成功しない理由（過去問練習主義は落ちるとは？）

練習の効果は分野によって大きく異なります。ミシガン州立大学のメタ分析によると練習の効果はゲームで26％、勉強で4％、専門職で1％の効果であったとのことです。この情報は練習だけでなく、他の要素も重要であることを示しています。要は、練習というのは単純ゲームである時にはそれなりに意味があるが、そうではない場合は意味が少ないということです。だから小論文は練習主義ではダメなのです。練習の効果が出る特定の条件があります。練習主義の意味が薄い2つ目の理由は、トレーニング方法が確立された分野でなければ効果が薄いことです。（長い歴史を持つスポーツなど）専門知識を持つコーチの指導でなければ効果が薄いと言われています。なぜ練習は成果につながらないのでしょうか。練習は他人に勝つためのものではなく、昨日の自分に勝つためのものだからです。練習ではなく何によって成果は決まるのでしょうか。練習意外の要素とは、実力向上です。実力向上は①良質な授業、②良質な指導、③読書、④思考準備（普段から考えていること）で可能となります。音楽やチェスの名人が成功した要因のうち、練習が占める割合は3分の1程度にすぎないという報告があります。プロサッカー選手になった人とならなかった人を比較した場合、子供の頃の練習時間に差はなく、両者の大きな違いは、良い指導を受けた量だったという報告もあります。

第六章

なぜ慶應受験を起点とした受験戦略が東大志望でもおすすめなのか？

社会的混乱時に対応できる教育を考える

社会が経済的問題、安全保障上の問題、その他の出来事により混乱した際に対応できる教育とはどのような教育でしょうか。大事なことは、自分で主体的に考える力を持ち、どのような状況でも学習し続け資格などを取り、就職、昇進、転職に強いことだと私は考えます。このような状態になるためには、普段からおけいこができるようにしておき、①学習スキル②小論文の学習③慶應大学対策（慶應を受験できるようにしておけば総合型選抜なども受けやすい）などを進めておくことが大切だと考えます。なぜでしょうか。自分で記憶し、主体的に学習できなければ資格は取得しにくいでしょう。小論文の学習が進まなければ、今の時代難関大学に合格しにくいと言えるでしょう。従って学習スキルや小論文が大切になります。

早稲田のほうが人気だから早稲田という思考が見逃している点

近年早稲田大学が人気です。慶應と早稲田のダブル合格者は早稲田を選ぶことが多くなっているようです。一昔前は、圧倒的に慶應が選ばれていました（およそ約7割程度が慶應を選んでいました。それが今では約60％となり、過去6年間平均では、慶應を選ぶ人が64・9％だそうです）。近年大学受験が慶應化していると言っても、早稲田がいいと思うミーハーな人もいるでしょう。そこで慶應大学を私がお勧めする理由を書きます。慶應大学は今のような混乱した世の中で就職、昇進に強い大学です。早稲田卒の保護者から電話がかかってきて、慶應に入れたいと言われるほどです。その理由の一つは、大企業から選ばれていることでしょう。慶應はマンモス校ではないため、学生数が絞られています。一橋大学がマンモス校にせず、誰でも合格させないのと同じような方針です。誰でも入ることができるイメージの大学ではありません。一昔前は、大企業の生涯賃金は数億円高いとも言われていました。大企業は、福利厚生もしっかりしており、休日数も多く、ブラックな働き方が少ないと思われているのでしょう。また、慶應出身者は定量調査によると、人事部の評価が高く、慶應学閥の影響が大きいため、得しやすいでしょう。慶應大学は、小論文試験の配点が高いため、小論文を中心とした勉強を進めていくことで手堅く合格を狙うこともできます。受験勉強を軽量化することもできます。それでも世間の評価は高く、ＯＢが影響力のあるポジションについているという点において世界ランキング10位程度であったこともあるようです。つまり将来グローバルに活躍したいなら、実績ベースで慶應大学は活躍可能性があると考えることができるでしょう。慶應大学は日本のオックスブリッジと呼ばれており、日本一の歴史がある大学です。イギリスでも、オックスフォードとケンブリッジは対立関係にありますが、歴史は極めて重視されると言われています。海外の人に慶應大学を紹介するなら、日本のオックスブリッジであり、日本で最古の歴史と伝統がある大学だと述べれば価値が伝わります。それだけ歴史には重みがある上に永久にひっくり返りません。公認会計士輩出数は49年以上日本一であり、法科大学院の司法試験合格率ランキングでも常に最上位にランクしており、他の私立大学を大きく引き離しています。２０２３年も東大院以上でした。そのため、法曹界や政財界からの信頼も厚く、資格との相性もキャリアとして抜群です。これは何を意味するかと言えば、あなたがだまっていても、そこそこ優秀だと思われる可能性があるということです。今後は社会がデジタル化することで信用がスコア化していくと言われています。その際に、慶應大学は高い信用スコアとして、評価されるようになるでしょう。なぜならば、慶應大学は日本一の財務基盤を有する大学だからです。奨学金もそのため充実しています。日本人は国公立を非常に評価しがちであり、私立大学をバカにする人もいます。しかし、慶應だけは例外などという意見も聞くことがあります。なぜでしょうか。前記のように、慶應大学は、歴史、経済、政治、法律、会計、人脈、キャリアなどの点においても、他大学を圧倒的に引き離す実績があるからでしょう。ガリガリ勉強せずとも、合格できて、最難関大学とほぼ同じかそれ以上の評価を得られる希有な大学は、慶應大学以外、日本ではあまり見あたりません。だからこそ、同じ労力で目指すなら慶應を私はお勧めします。やりようによっては早稲田以下の労力で受かります。

大学入学共通テストで8割程度取ることができる学力を目指す

勉強が苦手だから総合型で受ける……という安易な考えは捨てましょう。勉強が苦手な人は、総合型も苦手です。その理由は、根気の不足です。とにかく楽をすればいいと考え、それでも受かるのでは？と考えるのもやめましょう。あまりよくない大人の中には、そういう期待をあおる人もいるでしょう。しかし、将来泣くはめになりそうです。本書で繰り返しお伝えしているように、英語と小論文ができれば慶應に受かります。あとは併願のための歴史を強化し、大学入学共通テストで約8割程度の点数を取ることができるようになれば、東大を含め最難関国立大学も総合型などを利用して合格を狙えるようになります。

とがった英語力と数学力を武器にせよ

大学受験は、科目数が多くても、実質的には英語と数学で決まります。その理由は配点の大きさです。一番大事なのは、あいかわらず英語で、次に数学が大切です。今の時代、格安オンライン授業があるため、本人にやる気さえあれば、オンラインの授業を聞いて、問題集をゴリゴリ暗記していくこともやりやすくなりました。文系学部についても、英語と数学ができれば、早稲田や慶應に非常に合格しやすくなります。本書でご紹介するアプローチで受験を考える場合、大学入学共通テストレベルをクリアするための学力を身につけることを考えます。そのための土台（戦略的に先に仕上げておくという意味）となる科目が英語と数学でもあります。小学生から学力を考える場合も同じで英語と数学を得意になるように勉強を進めていきましょう。

基本問題をやればよい

本書でご紹介したように小論文は練習だけでは上がりません。月に3回程度書きましょう。上質な指導で小論文は成績が上がります。その他の科目は問題の覚え込みで成績が上がります。小論文以外の科目はできない問題をできるようになるまで、問題集を繰り返しましょう。基本問題は覚える労力もあまり大きくありません。できなかった問題は×マークをつけ、できるようになるまで繰り返しましょう。大学入学共通テスト対策の問題集や過去問題で約8割程度取得できるようになるまでこの作業をひたすら繰り返します。目標点をクリアしたら次の科目に移りましょう。

お金をいかにして節約するべきか？

お金の問題は深刻ですが、考え方を変えると、そうでもないと個人的には思います。その理由は、不要な学習支援サービスが多すぎるということです。これは必要、これは不要というものが分かると、費用を削減できます。なぜ不要なサービスがあふれるのかと言えば、教育効果をほとんどの人は判断できず、戦略がないからです。戦略がないので全部がんばるとか、練習しまくるということになります。練習すると業者が儲かります。必要以上の練習は不要です。練習に関する定量研究の報告のように、上質な指導が必要です。英語の塾も不要です。数学は研究で相関性があると報告されていることもあり、有効です。問題集の解答例を見て、分からない人はオンライン格安塾を活用すればよいでしょう。今の時代に大学受験に必要なのは、研究指導、論文指導、面接指導、読解強化、速読強化、思考力強化、自立性強化などです。これらのサポートに、手前みそですが著者の牛山が運営する塾で力を入れています。

健康な体があれば慶應？奨学金が日本一充実した慶應

慶應大学は、奨学金の種類が日本一充実していると言われています。そのため、健康な体があるのであれば、多少お金がなくても、進学し、卒業することができるでしょう。健康な体があればというのは、学校まで歩いて行き、いすに座る必要があるからです。現代的にはどの大学もオンラインが当たり前になりつつありますが、今のところ慶應大学は通うことに強いこだわりを持っているようです。このような点からも、慶應大学に合格することを中心に考えて、他の大学は散らしていく（併願していく）という戦略軸を最上だと私は考えています。

親が出す？本人が出す？どちらがいいのか？

塾の費用は一般的に親が出します。しかし、子供が勉強しないということで悩む親御さんは多いのです。子供は自分でお金を出さないので、勉強をがんばりません。私が教えてきた子の中には、自分でバイトをして、塾の費用を捻出する子もいました。このような子は、どちらかと言えば真剣なので、受かりやすいと言えます。自分の人生を本気で変えたいなら、働きながら学ぶという手段が残されています。資格でも、学業でも、学ぶことで人生を変えることができると考えてがんばりましょう。

新時代キャリア戦略は新時代スキルアップ戦略だ

今のような混沌とした時代では、どのようなキャリア戦略がよいのでしょうか。私がいつもお勧めしているのは、資格を最低3つ持つことです。その上で、スキルアップを目指します。学歴はないよりあったほうがよいでしょう。よい大学に行くという考えもありますが、本書で提唱するアプローチを無視して、看護学校や、何かの資格を取得するために大学に行くのもよいでしょう。学歴×資格×スキルを考えた上で、長期的に無理のない学習計画を立てましょう。少しずつ学習していけば、なにもかも犠牲にしなくても、無理なく学習していくことができるでしょう。

大学が不要となったのではなく、学部教育がコモディティー化（日用品化）している

近年大学不要論が説かれることがあります。大学が不要となったという論調もあるようです。就職のためには、依然として学歴による選別はあります。大学で学ぶことも単なる情報なので意味がないという考えもありますが、大学では一般的に知識運用を学んでいくので、知識は自分で学習する場所です。従って大学での情報が手に入るからという場合でも、大学には先生がいるので、指導を受けに行く価値があります。「人材が安く買いたたかれている」という意見があります。大学を出てスキルアップし、資格を取ればいいだけです。東京一工早慶卒はトップ４００社への就職率が高いので特に進学のメリットがあります。

少なく受けるのではなく、たくさん受けるのがよい理由

今までの時代は、能力が高くなると東大に受かると思われていました。しかし、今後は、総合型選抜の比率が高くなるので、能力が高いので総合型で評価されるというわけでもなくなってきます。能力ではなく、人間性や精神面、志が評価の対象となり得る時代となってきました。能力0でもいというわけではありません。能力主義ではなくなってきたということです。従って、学力を引き上げて東大一本釣りを狙うような対策が、時代遅れ的になりつつあると考えることもできます。東大は今まで学歴の象徴でしたが、有名人が指摘するようにそうでもなくなりつつあります。学歴の効果が人工知能やＩＴ環境の充実のせいで減っています。学歴よりプログラミングができるほうがいいこともある……という時代においては、最初から複数学部を受ける本書の受験アプローチ（慶應大学を中心として併願するやり方）が、受験もうまくいく上に新時代にも対応しており、受験勉強に費やす労力も少ないのです。

塾と学校にそわせるのではなく、研究力が高い人にそわせるとは？

受験相談にのっていると、「小論文は型にそってはめて書けばいいのかと思っていました。」など

と言われることがあります。つまり勘違いなのですが、受かりにくいので本当にかわいそうです。日本の教育は暗記主義から突然総合型に移行したので、海外のように大学院を出た人物に指導させる体制ができていません。そのため、論文の書き方も、問題解決の上質な思考方法・思考技術もほとんど浸透もしていません。添削の際には、こんな感じで書けばいいからなどと適当な指導がなされることがあると聞きます。それでも「多くの人の指導にふれると、考える力がアップするのでは？」などと、とんでもない考えを教え込まれる人もいるようです。ひらめきは洞察からきます。従ってあまり点数を取れない人の意見をいくらたくさん聞いても、点数を取れるようにはならないでしょう。「多様性は、創造力向上に影響していない」という研究があります。「上質な指導が、結果に効果的」という研究報告を思い出しましょう。そんなことをする暇があるなら本を読んだほうが数段ましです。

どんなスキルがオワコン化するのか？

今後人工知能が飛躍的に発展する中でどのような仕事が消えていくのかは不明です。あたりをつけることはできます。会計業務は消えていくとよく言われます。しかし、会計士の仕事を完全にロボットに任せるわけにはいかないでしょうから、税理士は仕事が大幅に減っても会計士はそれなりかもしれません。そこで資格を3つ程度取得することが大切になります。資格を取得するには学習スキルを引き上げることが有効です。記憶の技術、精神面を強化する技術など、主に記憶や根気に関する力を上げていきましょう。

公務員は今後大量解雇されるか？

公務員は一生安泰と考える人がいるようです。この考えは正しいのでしょうか。公務員は安定的です。公務員は行政サービスを担当するので、人口に比例して必要となります。もし人口が半分となれば、公務員も半分不要となるでしょう。このようなケースを考察するのに、分かりやすい例がエストニアです。エストニアは人口約130万人程度の国家です。そのため、警察官などが、他の仕事もやります。このように、小規模国家では、行政の無駄が省かれ、コンパクトに運営されています。それだけではなく、コンパクトに国家を運営するため、行政サービスのほとんどが電子化されており、世界的にも珍しい電子国家と評価されています。エストニアは仮想通貨に対する独自の政策により小粒な国家ながら世界で存在感を示しています。今後技術失業の時代に、行政のサービスはどうなるかと言えば、電子化、オンライン化、ロボット化、自動ツール化により、縮減していくと考えられます。かつては高校生のなりたい職業ランキング1位はユーチューバーでしたが、今は公務員だそうです。ユーチューバーが儲からなくなったことも関係しているかもしれません。人口半分で公務員半分というのは、当てはまる業種とあてはまらない業種があるでしょう。しかし、公務員なら一生安泰という時代でもなさそうです。一生勉強しなければならない時代が到来したということです。

大学選びよりも先に将来の仕事を仮決め

大学を目指す前に、将来どのような仕事をしたいのかを仮に決めることを考えましょう。その上で大学を決めるほうが、勉強も長続きするようになります。私の教え子の中には、将来公認会計士になりたいので、慶應を受けるという子がいました。この子は、その後慶應大学に受かり、会計士になります。たくさん勉強することになりましたが、その勉強量に耐えることができたのは、夢があったからです。将来の目標は途中で変わってもいいと思います。仮に決めることが大切です。

心を変える専門家が必要？

従来の入試は、学力偏重、記憶偏重でした。それが今は、総合型に変わっています。総合型では小論文、面接で決まります。小論文、面接は素直な心で決まります。ところが、定量研究でも報告をされているように素直な心を持つ生徒の割合は時代のせいで減ってしまいました。心だけで合否が決まるのに、受かりやすい心理状態ではない人が増えてしまったのです。そのため、今の時代に必要なのは、心を変える専門家です。また、そもそもどのような心理状態が受かりやすいのかについて指導できる人が必要です。素直であるとはどういうことか説明できる人が必要です。小論文は教える人の実力の高さで教え子の点数が決まります。従って悪い内容を教えてもらって点数が高く合格したケースでは才能があっただけです。広告で合格者が増える仕組みはここにあります。指導者品質がいくら高くても指導を無視する子の場合、指導者品質が無関係になってしまいます。定量研究の報告でもあるように上質な指導で上達は決まります。だからこそ、塾選びでも心を変えることができるかが大切になります。

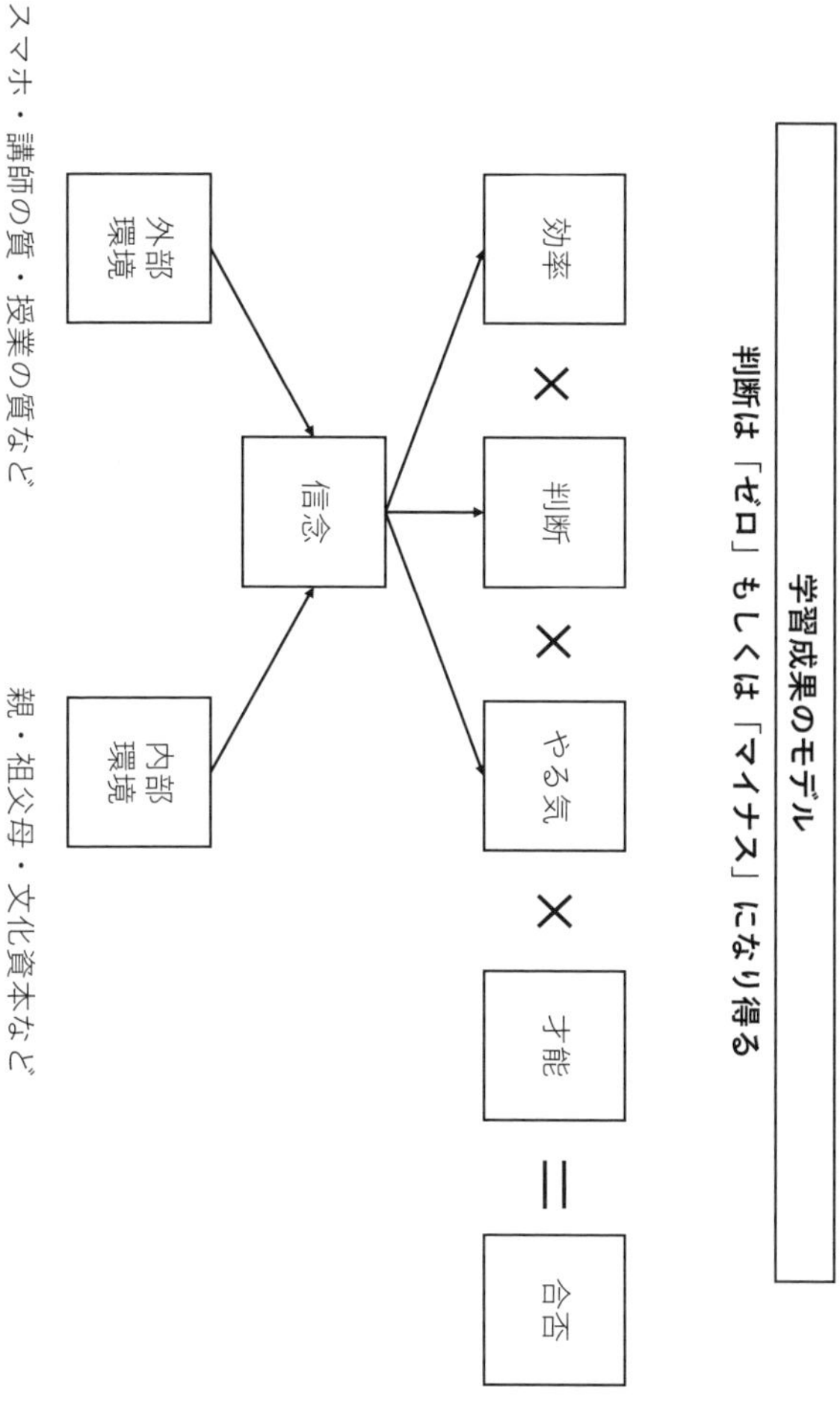
学習成果のモデル
判断は「ゼロ」もしくは「マイナス」になり得る
効率
×
判断
×
やる気
×
才能
=
合否
信念
外部環境
内部環境
スマホ・講師の質・授業の質など
親・祖父母・文化資本など

図：著者の牛山作成

（前ページの）モデルの説明

信念とは、価値観＋推論のセットのことです。

▼価値観とは「行動基準」です。

▼推論とは、「判断（能力）」のことです。

価値観が享楽的な場合、努力する意味はありません。行動基準は楽しむことなので、勉強は続きません。また、価値観が能力主義の場合、努力の否定、成果に対する認識のズレとなります。結果主義の場合は、成果が出ないなら努力したくはなくなります。努力したくない人が成果を出すのは極めてまれなので受かりにくくなります。

推論については、右記のような認知バイアスから生まれる間違った判断が該当します。実力がないのに小論文を勉強しない、やっても合格につながらない科目の勉強、もう合格点が取れているのに勉強をやり続ける、学習方法選択の間違い、戦略不在、併願ミス、謙虚に学べない、学ぶ必要がないと考えてしまう、そして点数が取れない、落ちるとなっています。落ちると表現したのは、だいたい偏差値70を仮に超えていたとしても、（自分は余裕だ）（謙虚ではない人は落ちる？自分は例外だ）と考えて自信満々で受験会場に行き、落ちるのがド典型の慶應受験のパターンだからです。6～7人に一人受かります。自信がないのに、プライドが高い……はありえます。自尊心が低いのに慢心状態もありえます。自分に自信がないのに先生を低く評価する……もありえます。これらの根底にあるのは、人間不信です。自分を肯定できない、他者を肯定できないということは理屈というよりむしろ、個性の問題です。個性は先天的ではありません。後天的に「選択的に」自分で選んでいるうちに、それが固定化してしまい、個人特性となったものです。頭ではわかっているけど、心がすさんでしまった。挨拶などしたくない、人の不幸を笑ってしまうことがある、自分は優れていると思えてしまう、考えが違うと愚かだと思ってしまう、冷笑的に考えてしまう、基本的に他人はバカに見えてしまうというのは、主観であって、実態とは別です。生きている間に、何度も刺激に対する反応を形成するうちに、（そんなことがあるものか）と考える強い信念が形成されているということです。

従って、この原理がある以上、どんな塾に通わせても、何を買い与えても、何をさせても、ずっと判断を誤り続けるようになってしまいかねません。つまり、マークシートなら受かりますが、小論文試験は絶望的に点数が取れなくなります。面接も同じです。志望理由書も似ています。

子供が勉強しないな……自分が勉強する気にならないな……いうことを聞かないな……言うことを聞く必要性を全く感じられないな……という状況は、「判断力低下のサイン（危険信号）」です。客観的に見れば、模試でも点数を取れないということは実力が不足ということであり、その状態で勉強しないなら受からないのも自明です。やったほうがいいのは分かっているのに、なぜか自滅的な行動をとってしまい、気づくとスマホの動画ばかりを見て、役立たない勉強動画や、アプリのゲーム、SNSは山ほどやるのに、流されずにきちんと自立的には勉強できない……というのが、現代的な若者が困っているパターンです。勉強しないならマークシートでも受かりません。従って、小学生、中学生から準備を進めることが重要なのです。

どうしたって自分が正しいように思えてしまう状態を回避するために有効なのは、視野を広げることです。井の中の蛙大海を知らずという言葉がありますが、視野を広げるために大切なことは、図書館に行き「大学の教員が書いた論文の書き方、研究のやり方」関連の書籍を読むことです。なぜならば、受験生にとっての世界は、ユーチューバーとティックトッカーがすべてだからです。むしろこれが効率のよい情報収集と考えて、視野が狭まり、おかしなことを学び、ズレた考えとなり失敗しています。失敗とは、大学学部学生の小論文添削を受けるなどがあたるでしょう。「こんな感じで書いてみよう」で失敗するのです。「こんな感じ」ではありません。論文というのは、ある程度の厳格な手続きにのっとった設計思想なり、書き方の手続きがあるものです。従って上級者との個別相談などは視野を広げる別の手段となります。

私は近年小学生や中学生を対象とした受験準備サービスを開始しましたが、あまりにも多くの人が単なる判断ミスでうまくいっていないことが理由です。かわいそうだからです。強い信念が受験を失敗させており、あまりモラルのない業者が自社のために「あまりよくないサービス」を販売していることが少なくありません。心がすさんでいると、すぐに判断ミスを犯し、このようなあまりよくないサービスで受験に失敗します。昔からよく言われることですが、詐欺にだまされる人は欲深いのです。欲とは、楽をしたい、より多くを手に入れたい、ということで、必ずしも悪いことではありませんが、往々にして人に判断を誤らせます。その理由は、欲望と、自分の能力観はリンクしやすいためです。自分は能力が高いので正しいと考えると、プロに学べなくなり失敗します。楽をしたいと欲深く考えて、人はうまい話にだまされます。

勉強は時間が8割

勉強法は一般的に時短のためのものではありません。勉強法によって違いが生まれるのは、覚えきれないという問題を解決することです。つまり、時間はかかるものの、覚えきれないという問題には対処できるというところが勉強法の価値です。覚えるためには時間が必要です。学力が高い人はたくさん勉強しています。つまり、ほとんどのケースで、単にスタートが早かったということです。合格後はそのことをばらさない人が多いのです。しかし、甘汁を吸えるという幻想的言説はたくさんあるでしょう。ややこしいのは、絶対にないわけではないという点です。無理に間に合わせる方法はありますが、リスクが上がります。手堅く合格するには、時間が必要です。そのためネットで情報収集する必要がそもそもあまりないのです。

35冊の東京大学合格セットよりも学習戦略

これが東京大学○○学部専用合格参考書セット……という考え方は捨てましょう。理由はいくつかあります。①実行率が低い②定着率が低い（確実性が低い）③読めるようにならない④併願に弱い⑤根拠が薄い（研究に裏付けられていない）⑥大学別に参考書など数学・物理など以外あまり関係がない（出る・出ないがはっきりしている科目）⑦併願しにくいので無駄が多くなるなどが理由です。『慶應に合格する英語勉強法』の通りにやれば、全大学に対応できます。中学生でもマスターできます。以上で英語は終わりです。英語は東大より慶應のほうが難しいなどと言われます。そのため慶應で通用する英語力をつけておけば東大も合格を狙えるということです。英語は大学別ではなく、上・中・下で考えましょう。大学別の単語などを異常に気にする人がいますがこういう人ほど基本単語に穴があり、点も取れません。丸暗記は読めるようになりません。帰国子女がスラスラ読めるのと対照的です。

合格情報の読み方（情報収集する人へ）

どうやって合格したのだろう?こう考えて、情報収集をする際に必ず守ってほしいことがあります。

多くの人はスマホで情報検索して落ちています。

▼①原則１：書籍から情報を集めること。
▼②原則２：才能があるだけの情報を避けること。
▼③原則３：より厳しい状況で成果を出した情報であること。
▼④原則４：ルートという表面情報ではなく、その背景の戦略・原理・考え方を気にすること。

一つずつ紹介します。

書籍から情報を集めることが大切です。オンラインの情報は、無料ですが、学習機関の集客用情報であることが多く、信頼性が低い傾向にあります。代償があるということです。情報にお金をかけましょう。モラルが低い人物が情報内容を指揮している場合、情報全体の信頼性が低くなります。従って書籍のほうが比較的安全です。二つ目のポイントは、才能があって成果が出ただけ……という情報は避けることとです。真似ができません。情報発進者の経歴が良すぎるケースがこれにあたります。経歴が良すぎる場合、単に才能あふれる人が、幼児の時から英才教育を受けてうらやましがられる状態になっていることがあります。もう多くの人には手遅れなので参考になりません。三つ目は、より厳しい状況で成果を出した情報であることとです。時間とお金がたっぷりある中で成果が出るのは当たり前であり、才能、時間、資金、環境などが恵まれている人が成果を出した情報はあまり参考になりません。四つ目は、ルート学習は最初から探さないということです。根拠とエビデンスがありません。また、戦略があるのかどうか不明です。エビデンスレベルも弱いです。どのような原理原則や法則性があるのかも説明されません。またそこまで考えられていないことも少なくありません。さらに、教育もプログラム化されていません。ただ、たくさんやるだけ……ということも少なくありません。誰でも継続できる方法でもありません。実行率が高いわけでもありません。従って、実行率が高く、プログラム作成プロセスにおいて、法則性や原理原則に基づき、戦略的発想で、組まれたうまいやり方以外は、参考にすべきではありません。ちなみに、手前みそですが、私が運営する慶應進学専門塾は、前記のようなすべてのポイントをクリアした上で運営されています。従って、私が書いた本をまず、すべて読んでみてください。

総合型と小論文は80点準備法で受かる

総合型選抜や小論文試験で受かる方法は簡単です。書類を80点まで上げればいいのです。しかし、ほとんどの人はこれをやりません。そのため不合格になります。総合型の準備は書類を添削者に送り、突き返されたものを修正し、再度提出します。このようにして、何度か添削者と書類を往復すれば、80点に少しずつ近づきます。そして、80点になったら出せばいいのです。小論文試験の場合、65点を取ることができるようになるまで添削を受ければOKです。あるいは、慶應SFCを受験する場合は、最重要の3テーマについて、80点を取れるようになるまで書類を添削者とやり取りします。これで非常に合格しやすくなります。私の経験から言えば、それでも落ちる人は、（もうこれくらいでいいだろう……受かるだろう）と考えて、80点に到達する前にやめてしまい、さっさと大学に書類を提出して落ちます。自分の判断を優先せず、上級者に判断をあおぎましょう。

なぜ慶應大学から散らすように併願なのか

もう一度おさらいしておきましょう。総合型選抜中心に時代は変わりつつありますが、今のところ総合型選抜は、不透明な部分があります。そこで一般入試をからめた併願戦略が大切になります。あくまでも、一般入試で合格できる戦略軸を採用するということです。その理由は、一般入試の手堅さです。一般入試の良いところは、「気に入らないので不合格」ということがない点です。容姿や話し方に関係なく、点数が良ければ合格、点数が悪ければ不合格です。そこで、リスクを減らすためにも、一般入試を中心に考えます。ただし、慶大に的を絞ります。慶大は小論文で受験できるので、総合型や推薦入試と相性がいいからです。もちろん、それなりに勉強は必要となります。従って、英語などの科目で、8割程度の点数を取得できるところまで、勉強を進めるだけの根気すらないという場合は、考え直したほうがいいかもしれません。この点については、『慶應に合格する英語勉強法』（幻冬舎）に詳しい勉強方法を紹介しているので、ご興味がある方は読んでみてください。

最も合格に影響すると報告されているのは？

合否にもっとも大きな影響を与えるのは、親のしつけなどを含む環境要因なのか、頭の良さなのか、それとも、学習スキルなのかについての研究があります。合格に影響を与える要因を大きく3つに分け、「環境要因」（親の収入、親のしつけ）、「知的能力」（暗記力、計算力、文章読解力）、「学習方法」（学習時間、計画的学習、繰り返し学習）の3つを計測したものです。もっとも大きな影響は学習方法でした。その中でも、計画的に学習している人が成果を出しているということだったのです。多くの人が気にしているのは、目先の学力であり、計画のほうですが、実際には、学力ではなく、計画性でもなく、学習そのものです。つまり、学習時間が長く、その内容が逆算的であり、繰り返している人が難関大学に合格していたということです。逆算習慣とは、本書で解説している戦略的アプローチそのものです。また、キャリア教育であり、態度教育であり、やればできるという信念の形成であり、明るい未来を描くことであり、おけいこができるようになることです。逆算習慣形成というのは、牛山の造語です。この造語について「単なる習慣でもなく、逆算して明確に目的意識と戦略的発想を有した状態で、目標達成意欲に裏打ちされた継続的な学習習慣を形成すること」と定義します。ただし、この研究は、慶應大学を対象とした研究ではないので注意が必要です。

本書で解説してきたように、慶應大学合格の要は、「おけいこできるようになること」です。人から学べる心づくりに成功すれば、良い先生をつけることで慶應大学に圧倒的に合格しやすくなります。

慶應中心化戦略の確認と進め方

東大目指しの勉強は戦略がないので全科目がんばる……となりがちです。高校3年で気づいた時には、どの科目も突破力がなく、東京一工早慶はおろか、地方国立もあきらめることに……仕方なく、学費を倍払い、そこそこの私立大学に進学……というのはよくあるパターンです。この事例は戦略がなかった典型例です。同様に、総合型選抜中心で受験を進めており、全部不合格となり、気づくと一般入試を戦う学力がなかった……。これもよくある失敗パターンで、もう一年がんばろうねとなりがちです。それでもマーチ、関関同立に進学できるのはいいほうで、すべてあきらめた……なんてこともあります。慶應中心化戦略は慶應の一般入試の突破力を早めに用意するので、つぶしが利きます。例えば、医学部に合格できなかった場合で、本人が慶應でもいいと言えば、慶應大学に進学することもできるでしょう。

なぜ慶應中心化戦略がいいのか

勉強をがんばる人なら慶應中心化戦略は不要です。がんばって好きなところに進学してください。しかし、スマホゲームばかりしている、スマホが手放せない、考えるのは苦手、暗記も苦手、勉強は苦手、将来に対する目標がない、無責任・無気力・無関心という三無主義的……という場合、早めに受験に対する考え方を戦略的にするほうがいいでしょう。親は、このような状況に対処できます。まずは著者の牛山が発行しているメルマガ「慶應大学絶対合格情報」（親用も近いうちに発行するので、両方登録してください）を検索して登録してください。詳しく問題点と対策を音声でご説明します。

学習内容の分散投資

私が大学院で学んだ科目にコーポレート・ファイナンスという科目がありました。何を学ぶことで、リターンが最大化されるかは分からないわけですが、経済的価値については、現在価値に割引き（今どの程度の価値があると思われるかを考える）、分散投資する（すべてがダメになってしまわないようにする）ことで、リターンを最大化させるという考え方があります。今の時代に大事な考え方として併願による学習内容の分散があります。つまり、何がなんでも東大と考えるのではなく、東京一工早慶ならとりあえずよしとすることで、分散させたことによって、リターンを得る機会が増えるので、（結果として）合格しやすくなるということです。多くの人は、何がなんでも慶應法学部、何がなんでも早稲田の政治経済、何がなんでも京都大学と考えることで、どれにも受からない……となりがちです。なぜならば、一本釣りと私は表現するのですが、そこにしか網をはらないからです。私は東京大学からも京都大学からも、東京工業大学からも内諾をもらいました。結果として東工大となったのですが、フタを開けるとこの結末は私にとって大ラッキーでした。もしも何がなんでも東大と考えていれば、東工大の良さに気づくことなく東大に進学していたか、あるいは、博士課程における東京一工早慶をあきらめていたかもしれません。

なめ落ちとかん落ちが9割

『「僕は練習に自信があります」というやつが、リングに上がったら、みんなダメや』とは、３人の子供を全員世界チャンピオンにした亀田氏の発言です。気持ちが大切ということだそうです。同じく、気にすべき発言として、畑山チャンピオンの名言があります。当時「平成のKOキング」と呼ばれた坂本氏は、日本及び東洋太平洋王座を獲得し、世界チャンピオンの畑山氏と対戦しました。畑山氏は、チャレンジャーである坂本氏に対して次のようなコメントを残しています。「秘策はありません。作戦もありません。彼は僕よりパンチが強いです。彼は僕より顎が強いです。（パンチに打たれ強いということ）それは彼も分かっていると思う。だから僕が勝つんです。」「じゃあ、坂本氏が勝つのでは？」という記者のコメントに対して、畑山氏は「だから僕が勝つんです」と述べています。どういうことなのでしょうか。世界チャンピオンであった畑山氏は、謙虚に自分の力を見極めた上で、勝ったということです。亀田氏の発言も同じです。気持ちが勝利の要因ということです。精神性や、戦略性（冷静な分析と対処）が勝利の根本的な要因になっているということです。

しかし、現代社会では、精神性をなめて、そんなことで成果が出ないと考え、自分の力量を高く見積もり、一人で練習していればいいという勘違いでほとんどの受験生が慶應大学に落ちています。ライバルの力量を低く見積もる落ち方を「なめ落ち」と表現します。自分の力を過信したり、冷静に成果につながる要因を見極めることができないこと、精神性などを軽んじ、何が成果につながっているのかを見極めることができないことを「かん落ち」（勘違い）と表現します。この場合、慶應受験生は、私の経験から言えば、不合格者の約9割が、「なめ落ち」と「かん落ち」です。つまり判断で不合格になっています。

「参考にする方式の情報収集法」で落ちる

長い間いろいろな生徒さんに指導を行っていると、あることに気づきます。情報を得て、参考にする人は落ちるということです。一方で、言われたことについては何でも素直に聞いて、その通りにする人は受かります。

「どう思いますか？」と質問する人も落ちる傾向にあります。「どうなのですか？」と聞く人は受かる傾向にあります。共通するのは、信頼の度合いが強いかどうか、自分が先生になってしまい、自分で判断する傾向があるかどうかです。簡単に言えば、うぬぼれていると落ちるということです。スマホで情報収集する人は、参考にすることに慣れています。いろいろな情報をつまみ食いして、体系的な理解もなく、深い見識もなく、知恵もなく、経験もなく判断していきます。そのため、判断レベルが下がり、失敗します。今の大学受験は、まさしくこのようなネットの情報つまみ食いにより、判断レベルが低下した人が大きく力を落として受験する「集団的誤判断状態」と言えるでしょう。レベルが高い先生をつけてすべて素直に学んでいくことが大切です。

逆算習慣形成、おけいこ、学習技術の3つが新時代受験の3本柱

ここまでにご紹介してきたように、逆算習慣形成、おけいこ、学習技術の3つが今の時代の3本柱です。しかし、このような学習支援サービスをトータルに行う会社はほぼ見当たりません。どの企業も断片的にこれらのサービスを扱っています。

▼逆算習慣形成：合否にインパクトがある要素
▼おけいこ：小論文、面接の上達にもっともインパクトがある要素
▼学習技術：右記の二つを裏側から強力に支える「学習戦略、技術、精神」などの支援要素

親や祖父母が子供・孫にしてあげられるのは、この3点です。逆に言えば、ここに関与しなければ、今の時代高確率で「流される」でしょう。流されるというのは、スマホをダラダラ見たり、できるという感覚がなかったり、がんばってもダメと考えていたり、がんばることがダサいなどと考

えてしまったり、主体性がなく受け身となったり、自分が物事をなすという感覚がにぶったり、冷笑的になり何もせず評論するようになったり、自分の考えが優れていると勘違いするようなあおりをそのまま受け止めてそうするようになることです。従って、流されない人は、逆算した習慣形成ができるし、流されない人は、世間で何が流行ろうとも、自分の考えを持ち、冷笑主義に陥らず自分で考えるようになります。

少しずつ身につけていくべき技術

何を身につければ、今の新しい時代の入試に対応できるのかについては、これといった根拠のある提言が少ないでしょう。本書でここまで解説した通り、今の時代は、「記憶と知性の組み合わせ型」の入試形態となっているわけですから、この点は重要です。もし慶應SFCを受験するならイノベーション系の体系的な思考技術はあったほうがいいでしょう。つまり、目的に応じて、受験戦略に応じて必要な技術（学ぶべき内容）は変わります。目的別に詳しく述べる紙面の余裕はありません。そこで本書では、慶應中心化戦略と私が述べた、「慶應大学を中心に散らすように併願する受験アプローチで東京一工早慶」を受験する場合（東工大は正確には、今のところ小論文はないので、志望理由書、活動実績報告書作成を学ぶ）に必要な技術の目安を紹介します。大きく分けて、以下の技術があります。

ボリュームをイメージしていただくために、私が運営する塾でどの程度の授業があるかを併記しました。

▼①記憶関連技術：（70程度の授業）

▼②イノベーション関連技術：（12本の授業）

▼③小論文関連技術：（数百本の授業）

これらの中で研究力なども養成しています。

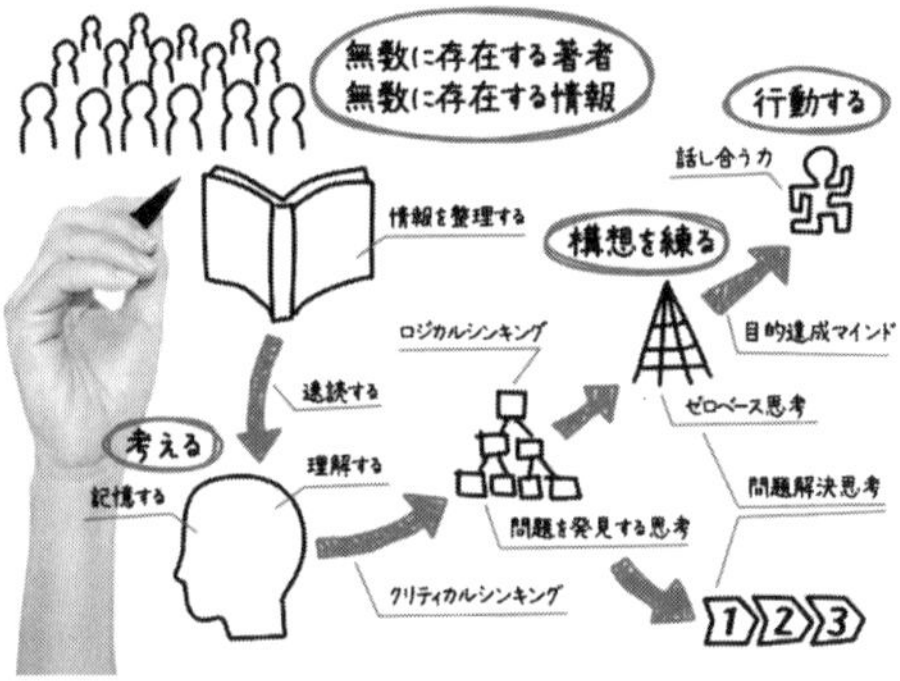

学校や塾のどの授業よりも、これらの授業が大切だと思います。その理由は①定量研究で「学習方法」が最も大きな影響を与えていると報告していること、②今は小論文の時代となっていること、③慶應中心化戦略から考えた場合に要となる技術であることの３点です。

合格確率についての注意点（8〜9割の人は「東大目指し勉強」で、慶應にすら受からないから本書の内容には価値がある）

本書の最初のページで、難しい話をしたくなかったので、詳細については、最後のあたりでご紹介するというお約束をしていました。本書を読んだ方は、きっと誰でも慶應をはじめとして、東大や京大、一橋、東工大（東北大でもよいと思います）、早稲田・慶應を目指すことができ、手堅く狙えるという戦略軸にワクワクしたのではないかと思います。

東大は合格率1％以下だけど、慶應は99％というように、ざっくり誤解しないように、念のために書いておきます。東大は全体の受験生の数から、合格率を母数と分子の数の比較から、ざっくり計算しています。全体の1％以下程度に考えるのがよいということです。一方で、慶應大学も学力で見れば上位なのは間違いないのですが、そもそも受験科目数も違うので、単純に学力上位○％と考えることにあまり意味がありません。学力で言えば、英検1級を持つ子が受けるケースもあるので間違いなく最上位です。しかし、受験科目数は少ないのです。国立は前期・後期とあっても、たくさん受けるというわけにもいきません。慶應大学は私学なのでたくさん受けることができます。慶應大学の場合は、1科目だけ仕上げる、あるいはせいぜい2科目を仕上げるというように、レーザービームで貫くような合格を狙うことができます。そのため、このようなアプローチできちんと学力や小論文の実力を高めた場合の合格率の理論値が99％程度になっていくと考えてください。合格率が60％を超える程度の実力をつけていろいろと併願していくと、かなり運が悪くない限り、まずどこかにひっかかってくるでしょう（0.5×0.5×0.5×0.5×0.5×0.5×0.5＝0.007です。1－0.007＝0.993となります。従って理論値として、99％合格を狙うような考え方ができる）。

慶應の一般入試を保険として、手堅く合格を狙いつつ、あわよくば東大などに合格することをきちんと狙う……このような戦略的な学習を小学生からできればやりましょうというのが本書の主張です。良い大学に行かせたいという理由ですべての科目の勉強に力を入れる東大を狙うような勉強を小学生の時から多くの人がやっています。一方で、頭がいい人は、子供に英語だけマスターさせて、東大に入れたり、最悪慶應に入れています。後者のアプローチは、99％成功するイメージです。一方で、東大を目指すように中学受験させている人は、ほとんど東大にわが子を入れることはできないでしょう。また、だからといってでは慶應……というほど甘くもないのです。東工大に合格できる子が、慶應は難しくて滑り止めにならない……などと言っていました。結局最初から戦略的にやるべきことを絞っている人は、労力をかけずに慶應に合格できるわけですが、あれもこれも中途半端な学力の人がいきなり慶應をあわてて受けても落ちるということなのです。本書の価値はここにあります。日本のご家庭の99％は受からないのに東大を目指し、（もちろん東大は良い大学なので考え方によってはそれもありです。）だいたい99％程度の確率で失敗し、だからといって「じゃあ慶應」という人も、8割～9割以上失敗している印象です（合格率を見れば、7人に一人合格であれば、8割～9割失敗ということです）。それならば、最初から慶應レベルに合格させることについて、全体の8割程度の人はものの見事に失敗しているということです。高みを目指して失敗するくらいなら、戦略的に考えることで合格を狙うという方法もありますというご提案が本書のご提案です。

本書の主張とご提案は、現代の入試にあわせた考え方です。ザ・昭和のような東大目指し勉強はもう古くて時代遅れになったと考えることができるかもしれません。地方国立も含め今は総合型で、「小論文と面接」で合格する時代です。従って、「ザ・昭和の東大目指し勉強」を多くの人がやっていますが、労多く益少なく、高みも目指せない「戦略性のない方策」と考えることができるかもしれません。昔は良かった受験アプローチが、「悪手」となったと考えることができるかもしれません。日本のすべてのご家庭の親・祖父母が、本書でご紹介する受験戦略・受験アプローチをひとつのやり方として大切に考え、わが子・孫の将来のキャリアをより安定的にすることに成功することを願っています。本書で紹介した合格率は理論値の話ですが現実に○％受かっているという話には注意しましょう（嘘の可能性をちゃんと考える）。

動画とX（旧ツイッター）、インスタの情報収集は非効率的

オンラインの情報収集は、効率的と思われがちですが、非効率です。ハッシュタグを付けたところで、次の要件を満たす人を見つけられないからです。

【要件】
①慶大の専門家
②小論文の専門家
③心の専門家

さらには指導者の要件もあります。
④モラルレベル
⑤問題解決レベル
⑥点数をたたき出せる

①〜③の要件を満たすだけでも大変なのに、それらに加えて④〜⑥の要件も満たすとなれば、日本中検索しても本書でご紹介した「慶大中心化アプローチによる東京一工早慶対策」は難しいでしょう。単に本が上質、オンラインが低質というわけでもありません。オンラインは情報が多すぎて有害となり得る情報を得てしまうリスクがあります。本当に有益なものは一握りであり、一方でオン

ラインは素人情報が多すぎます。情報量の多さがリスクです。そこで解決策として私が提案するのは、メイン情報とサブ（おまけ）情報に分けて考えることです。メイン情報として「慶應大学絶対合格情報メルマガ（慶應クラス）」をお勧めします。おまけ情報として気晴らしにネット検索しましょう。本書を何度も読んでください。

塾の品質は塾長品質？の時代とは？

これからの時代は本物の時代です。「小論文で塾長は9割取れますか？」「塾長は博士課程を経ていますか？」「塾長は東大・京大・東北大・東工大レベルですか？（日本の学術トップ4校）」「塾長は論文を掲載していますか？」「塾長はワールドワイドに活躍していますか？」「日本でトップの成績に学生はなっていますか？」「教育経験が20年程度ありますか？」「慶應ＳＦＣに一発でダブル合格できていますか？」など、これらの質問にすべてイエスと答えるような塾なら、比較的安心できると思います。塾の品質は、塾長の品質（レベル）とほぼイコールと考えられるところがあります。なぜならば、これからの時代は小論文で合否が決まるので、「学術が分からない……」では、サポート体制の構築ができないからです。

塾の指導体制は教育プログラムをどう組むかということです。そのため、塾長が学術を分からなければ、指導体制も品質もヘチマもなくなります。今までの時代は、学部受験の参考書暗記が受験勉強でしたが、これからの入試は違います。全人格的な能力と、学術スキルで、難関校の合否が決まる時代となりました。塾長が教育内容についてちんぷんかんぷんだと、何も指示できません。従って、今の時代は、塾の品質は、塾長のレベルで決まるところが大きい時代となっています。暗記させればよい時代はもう終わりかけています。

親も子も何も対策は必要ないと考えているが……

どの塾がいいかな？は、これからの時代、実は関係ありません。なぜならば、心が冷笑主義に傾くと、何を教えても1ミリも成長しないので（こんなの価値がないと思い込む）与える教育の質は関係なくなります（何を教えても入らない）。また、冷笑主義に傾くと、簡単に判断ミスするようになるので、むしろ有害な対策を念入りに努力して行うようになります。つまり、小学生から対処すべきは、おけいこできるようになること（謙虚な心の養成とおけいこの訓練）です。流されるようになる、スマホばかり見る、人をばかにする、年上を敬わない、親を敬わない、先生を軽んじる、ライバルを軽んじる、自分の能力を過信する、人のためにという志がないので志望理由書を書くことができない、自分のことしか考えないので気力がわかない、努力に魅力を感じない、できると思えない、というのは、簡単に言えば、「心の堕落」です。本質的な対策はここだと気づいた人は、（そんなの自分でやっていけばいい）と考えず、謙虚に学ぼうとするのです。親子で一緒に先生に学ぶことが大切な時代となりました。冷笑主義が流行ったのは過去の時代の話であり、そろそろ時代遅れとなりつつあります。昭和と平成の感覚を捨てましょう。

誰でも東京一工早慶に合格できる時代が来た！

一昔前は、「うちの子が慶應なんて……」という時代でした。学力はもう関係がありません。誰でも東大・京大・一橋・東工大・早稲田・慶應・地方国立大を目指すことができる時代です。

本書でご紹介した受験戦略アプローチも検討し、ぜひ東京一工早慶に合格しましょう！

慶應クラスウェブサイトで以下の無料音声講座をプレゼント

以下の音声をご希望の方にプレゼントしています。「慶應クラス」と検索して、牛山が運営する塾のウェブサイトで、メルマガ登録をしてください。メールアドレスに以下の内容が届きます。

親用無料メルマガ講座　～人生を変える1か月間音声講座～
（メルマガとはメールで受信するマガジンのことで動画や音声を得ることができます。）

講師：牛山　恭範（移動中に収録していますので音声に雑音が入ることがあります。）

①個別指導
②東京一工早慶に確定させる考え方
③受験勉強させる必要のない時代到来？
④東京一工早慶概要編
⑤スマホ中毒でも子・孫を東京一工早慶に合格させる（編集済み）
⑥スマホを取り上げるだけではうまくいかない
⑦子供の将来の選択肢の幅を広げる

⑧何を信じてがんばることができないのか
⑨子供・孫のやる気を引き上げる
⑩令和版、子・孫の中学受験をどう考えるべきか
⑪東京一工確定重要ポイント
⑫親・祖父母の２択問題
⑬２択問題懐疑論への解説
⑭現代の教育に必要な３要素
⑮子供はこんなのやっても意味がないと思い落ちている
⑯慶應合格の突破力養成とは？（やりたいことだけやらせるな？）
⑰なぜ子供は記憶に強くなる必要があるのか？
⑱好きなことだけを子供にやらせるのがいいのか？
⑲小論文をどのように子供に学ばせればよいのか？
⑳面接をどのように子供に学ばせればよいのか？
㉑ＭＢＡ講師が小論文指導にキク理由とは？
㉒博士課程講師が小論文指導にキク理由とは？
㉓本当に子供は「おけいこ」ができなくなってしまうのか？
㉔つまみ食い『慶應ＳＦＣ小論文対策４つの秘訣合格法』

㉕つまみ食い『慶應小論文合格バイブル』
㉖つまみ食い『小論文の教科書』
㉗つまみ食い『偏差値30からの慶應大学突破法』
㉘つまみ食い『慶應に合格する英語勉強法』
㉙つまみ食い『マンガで学ぶ面接』
㉚なぜ早めに対処することが大切なのか？

受験生用無料音声メルマガ　～人生を変える1か月間音声講座～
（メルマガとはメールで受信するマガジンのことで動画や音声を得ることができます。）

講師：牛山　恭範（移動中に収録していますので音声に雑音が入ることがあります。）

①個別指導
②第一回、練習に効果なし？研究報告
③第二回、練習に効果なし？研究報告2
④第三回、練習に効果なし？

⑤教育情報は検索しないほうがいい？とは
⑥今から何をすればいいのか？
⑦小論文を一気に書き上げる方法
⑧80点合格法
⑨牛山の本を全部読もう？
⑩一番の指導の条件とは？
⑪ＭＢＡ講師が小論文指導にキク理由とは？
⑫博士課程講師が小論文指導にキク理由とは？
⑬つまみ食い『総合型選抜（ＡＯ入試）・学校推薦型選抜は研究力が９割』
⑭つまみ食い『慶應ＳＦＣ小論文対策４つの秘訣合格法』
⑮つまみ食い『慶應小論文合格バイブル』
⑯つまみ食い『小論文の教科書』
⑰つまみ食い『偏差値30からの慶應大学突破法』
⑱つまみ食い『慶應に合格する英語勉強法』
⑲つまみ食い『マンガで学ぶ面接』
⑳記憶の技術はなぜ必要か？
㉑小論文をシステムの力で引き上げるとは？

㉒小論文試験に強くなる本当のプロセスとは？
㉓なぜユーチューブで受からないのか？
㉔なぜティックトックで受からないのか？
㉕なぜブログを見て受からないのか？
㉖なぜ大量練習で受からないのか？
㉗なぜ学習を管理してもらって高合格率で受からないのか？
㉘参考書・問題集を気にしても受からない理由とは？
㉙スマホ中毒だと落ちるよ
㉚先生の話を聞けないでもなんとか受かる方法があるか？

【牛山　恭範（うしやま　やすのり）プロフィール】

現在東京工業大学大学院博士後期課程在学中。（全単位取得済み・今後東京医科歯科大学との統合により、東京工業大学は、東京科学大学に名称変更予定。現状の学術ランキングは国内2～4位）慶應大学に一発ダブル2学部合格。その後、健康及び経済上の理由で大学を中退し飛び級的に大学院受験資格審査に合格し、ビジネス・ブレークスルー大学大学院合格。大学院在学中に、東大卒、東大院卒、東大医学部卒の医師、東大博士課程修了者、京大卒、旧帝大卒の医師、国立大学出身の医師、ソウル大学卒業者などが在籍する平均年齢35歳のクラスで35歳程度の時に成績優秀者となり

ＭＢＡ取得。ＢＢＴ大学院修了後、東京大学、京都大学、東京工業大学の各大学院から内諾を得て、東京工業大学大学院博士後期課程に進学。ノーベル賞受賞者輩出の国立大学院複数に合格。慶應進学専門塾『慶應クラス』主催。教え子は偏差値87・9、全国模試1位などの実績あり。日本初の記憶専門塾『記憶塾』主催。記憶に関する書籍を複数冊出版し、記憶強化の先端的開拓者となり読売新聞に取材され８週間連続で読売新聞全国版に掲載される。世界一と評価されるマッキンゼー社の思考技術をＭＢＡホルダーとして学び、世界トップスクールで学術スキルを学び、それらの学びを小論文指導に反映させている。国内外の雑誌に論文掲載。慶應大学併願戦略の発案者、伝道者として、また、この受験戦略・学習技術を理解したコーチとして「慶應大学受験中心化戦略」（東京一工早慶を確定させる戦略）を塾で指導している。株式会社ディジシステム代表。

勉強時間を減らして
東京一工＆早慶に合格を確定させる
受験法・教育法
＊定価はカバーに表示してあります。

2024年6月5日　初版第1刷発行

著　者　牛　山　恭　範
編集人　清　水　智　則
発行所　エール出版社
〒101-0052　東京都千代田区神田小川町2-12
信愛ビル4F
e-mail：info@yell-books.com
電話　03(3291)0306
FAX　03(3291)0310
振替　00140－6－33914

ISBN978-4-7539-3565-9

★牛山恭範著作集

偏差値30からの慶應大学突破法-令和版慶應大学絶対合格法

全国最下位層から約半年で慶應法学部に合格した実例と、慶應大学の一般・AO・推薦・FIT入試の攻略法

ISBN978-4-7539-3541-3

慶應小論文合格 BIBLE

慶應 SFC ダブル合格の著者が公開する難関大学・難関大学院受験生にオススメ！　慶應小論文対策の決定版 !! 大好評改訂４版

ISBN978-4-7539-3413-3

マンガで学ぶ面接

大学・高校・中学受験の基本。マンガを読むだけで点数がアップ !?　そんな夢のような画期的面接対策本
改訂新版出来 !!

ISBN978-4-7539-3521-5

論証モデルと論理式を用いた高得点小論文解法集

小論文試験で９割得点し、東大卒以上の点数を取る講師が、全国模試１位の報告を３年連続でもらった牛山式解法を伝授。

ISBN978-4-7539-3495-9

◎エール出版社◎
本体各 1600 円（税別）